U0607196

青少年工具书
使用指南

◆内容全面◆方法实用◆深入浅出◆

　　发现和创造新知识的能力是推动现代社会发展的关键。为了实现自我的终身学习和创造活动，我们的重点必须从"学会"走向"会学"，即培养一种创新性学习能力。本书针对中文工具书及其使用的教学要求编撰而成，按查字词、查人物、查地名、查引文典故、查年代、查典章制度、查相关资料的需求，突出对相关汉语工具书编撰特点、检索方法、版本变化情况的介绍与论述，指导青少年该如何使用工具书。

中国出版集团
现代出版社

图书在版编目（CIP）数据

青少年工具书使用指南／余霞编著．—北京：现
代出版社，2012.4（2021 年 5 月重印）
ISBN 978 - 7 - 5143 - 0542 - 5

Ⅰ.①青… Ⅱ.①余… Ⅲ.①工具书 – 使用方法 – 青年
读物②工具书 – 使用方法 – 少年读物 Ⅳ.① G252.7 – 49

中国版本图书馆 CIP 数据核字（2012）第 041227 号

青少年工具书使用指南

编　著	余　霞	
责任编辑	吴庆庆	
出版发行	现代出版社	
地　址	北京市安定门外安华里 504 号	
邮政编码	100011	
电　话	010 – 64267325　010 – 64245264（兼传真）	
网　址	www.1980xd.com	
电子信箱	xiandai@ vip. sina. com	
印　刷	三河市人民印务有限公司	
开　本	710mm × 1000mm　1/16	
印　张	13	
版　次	2012 年 4 月第 1 版　2021 年 5 月第 8 次印刷	
书　号	ISBN 978 - 7 - 5143 - 0542 - 5	
定　价	38.80 元	

善学者师逸而功倍 (代序)

有这样一则寓言故事：

每天当太阳升起来的时候，非洲大草原上的动物们就活动起来了。狮子妈妈教育自己的小狮子说："孩子，你必须跑得再快一点，再快一点，你要是跑不过最慢的羚羊，你就会活活地饿死。"在另外一个场地上，羚羊妈妈也在教育自己的孩子说："孩子，你必须跑得再快一点，再快一点，如果你不能比跑得最快的狮子还要快，那你就肯定会被它们吃掉。"

动物如此，人也一样。人的一生需要不断进取，如果你不具有持续学习的意识，不积极主动地去改变自己，那么，你必将会被这个时代所淘汰。

我们正身处信息化时代，这无疑对我们在接受、选择、分析、判断、评价、处理信息的能力方面，提出了更高的要求。今天又是一个知识经济的时代，这又要求我们必须紧跟科技发展前沿，不断推陈出新。你将成为一个什么样的人，最终将取决于你对学习的态度。

美国未来学家阿尔文·托夫勒说过："未来的文盲不是不识字的人，而是没有学会怎样学习的人。"罗马俱乐部在《回答未来的挑战》研究报告中指出，学习有两种类型：一种是维持性学习，它的功能在于获得已有的知识、经验，以提高解决当前已经发生问题的能力；另一种是创新性学习，它的功能

1

在于通过学习提高一个人发现、吸收新信息和提出新问题的能力，以处理未来社会日新月异的变化。

要在现代社会竞争中取胜，仅仅抓住眼下时机，适应当前的社会是远远不够的，还必须把握未来发展的时机。因此，发现和创造新知识的能力是引导现代社会发展的关键。为了实现自我目标，我们必须从"学习"走向"学会"，即培养创新性学习能力。

学会怎样学习，比学习什么更重要。学会学习是未来最具价值的能力。"学会学习"，更多的是从学习方法的意义上说的，即有一个"善学"与"不善学"的问题。"不善学，虽勤而功半"；"善学者，师逸而功倍"。善于学习、学习得法与不善于学习、学习不得法会导致两种不同的学习效果。所以，掌握正确的学习方法显得更为重要。

学习的方法林林总总，不胜枚举，本丛书从不同角度对它们进行了阐述。这些方法既有对学习态度上的要求，又有对学习重点的掌握；既有对学习内容的把握，又有对学习习惯的培养；既有对学习时间的安排，又有对学习进度的控制；既有对学习环节的掌控，又有对学习能力的培养等等。本丛书理论结合实际，内容颇具有说服力，方法易学易行，非常适合广大在校学生学习。

掌握了正确的方法，如同登上了学习快车，在学习中就可以融会贯通、举一反三，从而大幅度提高学习效率，在各学科的学习中取得明显的进步。

热切期望广大青少年朋友阅读本丛书后，学习成绩、学习能力都有所提高。

本丛书编委会

目　录

****

引　言

自从人类文明诞生，在漫长的岁月长河中，勤劳智慧的先人们在不同的区域和条件下创造出了光辉灿烂的各种文明。它们像星河一样浩瀚，不断引起后人的景仰；似泉水一般甘洌，滋养着一代又一代后来者的心田。

直到今天，我们仍然是靠着这些先人创造出的文明，来建筑我们的根基，启动我们的进步和发展。继承和学习先人遗留下来的优秀文明成果，是人类迈向更高台阶的必经之路。

然而，由于历史的积淀，人类自诞生以来的文明成果浩若烟海，难以计数。要想在其中快速寻找到自己需要的知识和信息，几乎是一件不可能的事。

在这种情况下，工具书就诞生了。它为知识的积累和整理提供了方法，给人们的学习和研究带来了便利。

经过不断发展和完善，工具书的种类和数量越来越多，规模也越来越大。尤其是当前，人类进入了一个知识爆炸的信息时代，这种趋势表现得更加明显。

学会如何利用工具书，是每一个有志于探求知识宝库的学习者不可

逾越的必修课。而对于广大的中小学生来说，了解各类工具书的历史、现状及其使用方法，从小打下牢固的工具书知识基础，培养自己利用工具书进行独立学习和研究的能力，无疑是快速获取知识和信息，成长为社会所需要人才的一个有力法宝。

　　下面，就让我们一起走进工具书的世界吧！

第一章 概 述

第一节 工具书的定义和作用

一、工具书的定义

古人说："工欲善其事，必先利其器。"这"器"就指的是工具。人们无论从事何种工作，都要利用工具。我们的学习、工作、科学研究，概莫能外。

书籍中也有一部分属于工具的性质，称为"工具书"。

那么，究竟什么是工具书呢？

所谓工具书，是根据一定的查阅需要，系统汇集有关的知识材料，并按易于检索的方法排检，以便迅速提供知识信息的工具性图书。

古代由于政治、经济和文化发展水平的限制，图书不像今天这么多和复杂，而且那时的读书强调记忆，所以对工具书的需要也远远不如今天这么迫切。随着社会的发展、科学门类的日趋精细和各类图书的急剧增加，人们要读的书和要研究的问题越来越多，面对浩如烟海的书报杂志，如果没有工具书辅助，要想广泛收集某种资料进行科学研究，将非常困难。因此，随着时间的推移和客观形势的需要，工具书的编制也日益增多，并且是"日新月异，后出转精"。

随着工具书的不断发展，种类也变得越来越多，除字典、词典、百科全书外，年鉴、手册在工具书类型中发展较快，品种多，规模大，既有综合性的，也有专门或专科性的，既有学术性的，也有生活方面的。

工具书是人们书山探宝、学海求知的"器"。学会和善于利用工具书，是做学问的一项基本功。

二、工具书的作用

工具书是读书治学的工具，也是传播思想和文化的工具，其作用是多方面的，概括起来，有下列几点：

1. 解释词语

人们称字典、词典是"不开口的老师"，确实如此。举凡一个未知的字词、文句、成语、典故、人名、地名等等，都可以通过字典、词典来解决。例如，唐代杜牧的《山行》诗中，有"停车坐爱枫林晚，霜叶红于二月花"的诗句，那么"坐"字当何解释？查《辞源》即可知"坐"是"因为"的意思。全句即是停车是因为喜爱枫林晚景的意思。

2. 了解图书内容

要了解某一种图书的内容，可通过查看有关书目来解决。例如，要查古代典籍，可利用清代的《四库全书总目提要》，它对我国清代以前的10254种古籍的编纂经过、版本源流、文字异同、内容得失及著者事迹，都作有简要的考释。

3．提供文献线索

例如北京天文台主编的《中国地方志联合目录》，从中可查到新中国成立前编纂的通志、府志、州志、郡志、厅志、县志、乡土志、里镇志、卫志等，以及具有方志性质的志科、采访册、调查笔记等8200余种在全国190个图书馆、博物馆等单位收藏的情况。

4．检索参考资料

例如，从清代《古今图书集成》中的方舆汇编·职方典·扬州府部中，可以查到清雍正初年农村雇工剥削的情况；从其松江府部中，可以查到康熙年间城市手工业的情况。

5．掌握学术信息

在学习或工作中，要了解国际、国内时事资料与统计材料，需参考年鉴、手册。例如，从每年的《中国出版年鉴》中，可以了解到近年来我国出版事业的发展概况、新书评介、出版史料、出版纪事、全国图书报刊简目、出版统计、出版规章制度、出版事业名录等各方面的信息资料。

6．获得各科知识

对于一个读者来说，要想自学或独立地从事科学研究，首要的问题就是如何在书刊的海洋中迅速准确地查找所需资料。要解决这个问题，必须借助于工具书。例如从《中国大百科全书·外国文学》中，可获得世界各国文学的历史、流派、团体、著名作家及其作品等知识。

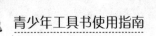

第二节　我国工具书的发展演变

我国的工具书历史悠久，源远流长。

早在周、秦时代，我国就出现了最早的工具书。当时问世的有历书《殷历》、《颛顼历》和周宣王时期太史籀编著的《史籀篇》、秦丞相李斯的《仓颉篇》等。

如果说先秦是工具书的萌芽时期的话，那么两汉则是工具书的奠基时期。汉代，工具书获得了进一步的发展。

这一时期陆续产生的工具书有：解释先秦词语古义的中国第一部分类词典——《尔雅》，中国第一部专门解释方言的词典——扬雄的《方言》，中国第一部较完备的字典——许慎的《说文解字》，中国第一部分类目录——刘向与刘歆父子的《别录》、《七略》，中国第一部比较完整的历史年表——司马迁的《史记·十二诸侯年表》，中国第一部史志目录——班固的《汉书·艺文志》等。

另外，《仓颉篇》的内容有了较大的扩充，增加到了3300字。

魏晋南北朝时期，工具书继续发展。《玉篇》、《小尔雅》、《释名》、《广雅》等工具书在汉代的基础上对内容进行了补充，其中有的工具书增补的内容还比较多，如晋人在《仓颉篇》中收入了汉哀帝元寿年间扬雄撰的《训纂篇》与东汉和帝永元年间贾方撰的《滂喜篇》，至此，《仓颉篇》已达到123章，7380字。

同时，这一时期出现了中国第一部类书——《皇览》（魏·刘劭、王象等人编撰）、中国第一部韵书——《声类》（魏·李登编撰）、中国第一部人名词典——《同姓名录》（梁元帝编撰）等。

唐宋元时期，工具书的发展较快。一是出现了许多书目工具书，如《隋书·经籍志》和宋朝王尧臣等人的《崇文总目》、陈振孙的《直斋书录解题》、晁公武的《郡斋读书志》等；二是出现了一批类书，如唐朝的《北堂书钞》、《初学记》、《艺文类聚》与宋朝的《太平御览》、《册府元龟》、《太平广记》、《玉海》及元朝的《韵府群玉》、《群书通要》等；三是出现了一批政书，如唐朝杜佑编的中国第一部政书《通典》、宋朝郑樵的《通志》等；四是出现了一些其他方面的工具书，如宋朝陈彭年等人奉诏编修的《广韵》（全名《大宋重修广韵》）、丁度的《集韵》等。

明清时期，工具书的发展速度进一步加快。产生的工具书规模大、质量高、种类较全、数量较多、有创新性。这一时期的主要成果有：

明朝解缙、姚广孝等编校了中国有史以来最大的类书——《永乐大典》。

《永乐大典》

明朝梅膺祚对前代的字书进行了全面修改，把《说文》540个部首改为214个，在此基础上编出了《字汇》，并首创笔画排检法，增设了附录，获得后人的喜爱。

清朝张玉书等人在《字汇》、《正字通》的基础上，增加内容，编纂出了《康熙字典》，从而成为使用最广、影响深远的字典。

清朝官修的《佩文韵府》、《骈字类编》等专收历史典故的类书，在规模和内容的辞藻丽句优美上，也都超过了前代。

清朝纪昀等人编纂的《四库全书总目》，成为中国最大的解题书目。

另外，清朝还产生了很多方言、俗语方面的词典与专门性的虚字字典，如刘洪的《助字辨略》、王引之的《经传释词》等。

到了近代，工具书急速发展。新型工具书如"手册"、"年鉴"、"书刊索引"等不断涌现，传统封建迷信的落后思想意识逐渐被内涵是科学的文化所代替。

新中国成立后，在中国共产党的领导下，社会主义革命和社会主义建设事业取得很大的胜利，工具书的编纂出版也取得了不少成绩，新型的"拼音法"（汉语拼音、罗马字拼音法）逐渐取代古老的"注音法"（"譬况法"、"读若法"、"直音法"、"反切法"），简化字逐步代替繁体字。除编印了一些新的工具书外，对古代遗留下的仍然有一定用处的工具书，有计划有选择地逐步予以改编或重印，并翻译出版了若干国外的工具书。

今天，中国已进入一个新的历史时期。根据国家建设的需要和科学技术的进展，有关单位正在试制适应现代科研要求的"电子检索器"，使检索工具赶超世界先进水平。可以预期，随着检索工具的革新，今后工具书的编制、使用，一定会有大的改进和提高。

第三节　工具书的一般特征

一、工具书与一般图书的关系

工具书与一般图书既有区别，又有联系。

从宏观上看，工具书与一般图书是不同的。一般图书是工具书的原始材料，工具书是在一般图书的基础上进行选材和重新组织编排的加工品。一般图书是对某一个问题或某些问题抒发感情，或系统地阐述观点、意见、建议等，在情报学里属一次文献，供人们系统地阅读及使用。而工具书则是对已有的知识资料进行综合、整理、加工，供人们质疑解惑时查考用的，属二次或三次文献，内在联系没有一般书那样严密。

工具书与一般图书的区别

工具书	非工具书
查检	系统阅读
特定符号系统或知识体系	学科知识分章节
完整独立概念	不可分割的知识链
精练	充分展开

但是，从微观上看，一般图书与工具书又无严格的界限，有些工具书具有二重性，也具有一般图书的特性。如《四库全书总目》这样典型的工具书，它既可供人翻检，又可供人阅读。类书、政书是查找古代事物和典章制度的工具，但也可部分供人阅读。这些书都具有工具书与一般图书的双重特性，既可作为查找有关资料的工具书使用，也可供人们系统地阅读使用。

与此相反，一些供人阅读的图书，如《史记》、《汉书》这样的史学名著，其本纪、列传可供查考人物之用，书（志）、表部分更明显地具有工具书的性能，除供人阅读之外也可供人查考。

二、工具书的体例结构

一般来说，工具书结构严谨，其体例通常由目录、凡例、正文、索引、附录等部分组成。

目录，列有序、跋、正文等。序、跋，于古书为序文、跋尾，现书为前言、后记。序，有自序或他序，跋文也一样。有的再版工具书前还加再版说明，此说明也是一种序文。序、跋介绍该书编著的起源、作者经历、内容评价、版本流传等，对于了解该书具有参考作用，首次使用应先阅序、跋。

凡例，又称例言、发凡或编辑说明等，表述该书的取材体例、使用的方法等，领会了，检索书中内容即可触类旁通。

正文，是工具书的主体，编排各有不同，但共同的特点是按图索骥，一查即得，方便快捷。

索引，是检索正文的工具，使用它，就会很快地查到有关资料。索引有"汉字笔画索引"、"汉语拼音索引"、"分类索引"、"四角号码索引"等。一部书内的索引越多，越方便查找有关资料，多一种索引，就多一条检索途经。例如《四库全书总目》（中华书局 1965 年版），正文是按分类排列的，可以类检索其中的资料；书后又附"书名及著者姓名索引"和"四角号码索引"，不懂分类知识的读者可以通过这些检索途径查找所需资料。

附录，是不宜纳入正文或遗漏的有关资料，大体包括参考书目、图表、补遗、统计资料等，如 1962 年中华书局影印的《康熙字典》，就附录了王引之的《康熙字典考证》，纠正"字典"正文之误 2588 条，参考价值极大。

三、工具书的特征

通过对工具书与一般图书进行比较，并参照其体例结构，我们很容易总结出工具书的基本特征：查考性、易检性、知识性、概括性。

◆从编辑目的上看，工具书主要供查考、检索而非通读。

◆从编排方法上看，工具书总是按某种特定体例编排，以起到"指引读书门径，解决疑难问题，提供参考资料，节省时间精力"的作用，从而体现其工具书性，易检性。

◆从内容上看，工具书收集传递的知识内容广泛，对于某一学科门类的知识，包罗万象，应有尽有。

◆从形式上看，工具书所提供的知识、信息比较成熟可靠，叙述简明扼要，概括性强。

第四节 工具书的鉴别与选择

每学期开学前夕，许多学生都会去书店购买各种各样的工具书。面对市场上琳琅满目的字典、词典、大词典、小词典等，许多人会觉得无所适从，不知道哪本适合自己。

那么，如何选择工具书呢？

好的工具书是良师益友，在选择时应注意以下几点：

一看出版社，应选择知名的、在此领域有专长的出版社，这是质量的保证。一些出版社以辞书出版而闻名，如果出版的是它们具有传统优势的词典，如上海辞书出版社的《辞海》，商务印书馆的汉语、英语工具书，这些词典的质量应当是有保证的。

二看作者，如果是比较有影响的作者亲自编的工具书（而不是挂名主编），质量应比较可靠。

三看工具书的服务目的，是供学习使用，还是仅供阅读时参考。工具书一般都有封底文字的宣传，以及使用说明和体例说明，读者在购买时可以结合正文对比这些说明，看看是否名副其实。

四看工具书的规模和收词量，决定它是不是适合自己的水平。一般选择高于自己现有水平的工具书，但是不要高出太多，比如初学英语者就不宜使用大部头的英语词典。

五看工具书的出版日期，尽量买新出版的词典，这样收词会比较新，如果有好几个版本，当然要买新版。

六看有没有前言、目录、使用说明及附录，这些是一部好的工具书必不可少的内容。

七看工具书的装帧和印刷质量。优秀出版社的工具书不光注意内容质量，在装帧和印刷方面也会精益求精，在纸张质量上是很讲究的。工具书要经常翻用，所以纸张一定要耐磨抗折，一般印刷时吹涂一层石蜡，手感较光滑。用墨匀称、色差小，纸张薄而不透色。因为工具书需要经常翻阅使用，所以装帧质量尤其重要。有的工具书虽然价格便宜，但用不了多久就会破损，影响使用的心情和效果。在选择工具书时，要认真查看工具书的质量，手摸眼看，视觉效果要好，手感质量要高，装帧外观要好看。

八看是否适合自己。许多工具书在编纂时考虑了读者对象的各种因素，如年龄、学习阶段、知识结构等。所以，读者在选购工具书的时候，首先应该选购适合自己（适合自己的年龄和用途）的产品，而不是越大越好、越贵越好。

专家建议：适合不同阶段学生的工具书

一、汉语工具书

●小学生

《小学生标准字典》、《新华写字字典》、《现代汉语小词典》（适合小学二三年级用)、《汉语小词典》、《新华同义近义词词典》、《新华成语词典》(适合小学高年级用)。

●初中生

《新华字典》、《现代汉语词典》、《古汉语常用字字典》、《新华成语字典》。

●高中生

《现代汉语词典》、《古汉语常用字字典》、《新华成语词典》、《古代汉语词典》、《应用汉语词典》、《古今汉语词典》、《新华新词词语词典》。

二、英语工具书

●小学生

《新时代小学生英汉词典》。

●中学生

《牛津中阶英汉双解词典》。

最后，最好仔细阅读一些词条，切实感受一下能否解决实际问题，是否符合自己的需要，看看是否可靠好用。

现代工具书的出版盛况空前，新版工具书数以万计。受经济利益驱动，重复印刷、改头换面的抄袭之作不绝于世，更有许多翻版、盗版的伪劣工具书，鱼龙混杂，泥沙俱下，读者受害、受骗屡见不鲜。

小知识：盗版书及其种类

所谓盗版书，是指盗用他人的名义出版的书。

盗版书的种类很多，常见的有以下几种：

（1）全文盗版。其表现为：

①盗版者听说某出版社即将出版一种宣传已久、影响很好的书，在其出版之前或出版之时或出版之后，立刻冒名出版发行此书，以获其利。

②书的内容好，而盗版者没有资金出版或出版资金不足或不想给版权费，即冒名某出版社印刷发行，从中获取名利。

③因有的书市场上一时脱销，而冒有关出版社之名印刷出版发行有关书籍，从中获利。

④书的内容格调低下，有名的出版社不予出版，而冒其名印刷出版发行，以获名利。

⑤书的内容庸俗，各出版社都不予出版，但是，社会上仍有一些人喜欢读，而冒名出版社印刷发行，从中获利。

⑥为满足单位或组织的一种要求（如任职条件等），临时撰写，以凑数量，不求质量，难以正式出版而冒某出版社之名印刷发行；等等。

（2）删改原文内容盗版。其表现为：盗版者发现某出版社即将出版或正在出版或已经出版销售很好的书，而将其书删改后，冒某出版社之名印刷发行，从中获利。

（3）改书名、作者名盗版。盗版者篡改名著或畅销书的书名、作者名印刷发行，从中获取名或利。

伪劣工具书因其胡编乱造，难免存在一些政治性、科学性、知识性错误，对读者危害比较大。中小学生由于鉴别能力不强，如果遇到内容错误的工具书，可能就会接受这些错误的解释，其危害将是巨大而深远的。所以，在选择工具书时，要仔细翻看、辨别，不要贪大求全，更不能图省钱而被伪劣书坑害。

如何识别伪劣工具书呢？

首先，伪劣工具书在书名及封面设计上往往会故意模仿品牌辞书，以粗糙的纸张、大字号、大字距增加厚度。以《现代汉语词典》为例，盗版书包装不精美，大红封面颜色明显偏暗，"现代汉语词典"这几个字不清晰，略显模糊，这应是印刷时套色不准造成的。翻开词典，纸张也比较粗糙。

其次，伪劣工具书往往没有水印或者水印不清楚。商务印书馆的书籍都有防伪水印页，翻开封面两到三页，可以看到"注意识别"字样，提醒读者。没有水印的不用说就是盗版，有些盗版书也印有"水印"，但该"水印"不用透光即可看到，"水印"偏黄。正版《现代汉语词典》的水印如对着光，应是清晰可见，印制精美，类似人民币的水印效果，非常好识别。

再次，伪劣工具书往往采取高定价、低折扣。那些定价几百元甚至上千元，而只卖几十元的工具书，往往是一些人拼凑而成的。

延伸阅读：名人与工具书

工具书的服务对象不仅包括普通读者，还有许多历史上的名人。他们不像人们平常所说的"查"，而是认认真真地"读"。

杨绛在《记钱锺书与〈围城〉》中说："重得拿不动的大字典、辞典、百科全书等，他不仅挨着字母逐条阅读，见了新版本，还不嫌烦地把新条目增补在旧书上。""逐条阅读"，其潜心程度跃然纸上。另外，邹文海在《记钱锺书》中也说过，钱锺书在旅途中"怡然自得，手不释卷"，并正色告人："字典是旅途中的良伴，上次去英国时，轮船上唯以约翰生博士的字典自随，深得读字典的乐趣，现已养成习惯。"

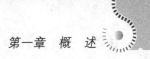

　　波德莱尔写有《读泰奥菲尔·戈蒂耶》一文，其中有一段回忆了他这个初入道的诗人去见当时已大名鼎鼎的戈蒂耶的情景："他像要考验我，眼中闪着一种非常不信任的神情，问我是否喜欢读词典。他说的时候颇不在意，就像说任何别的事情一样，那口吻就像别人问我是否喜欢读游记更甚于读小说，幸亏我小的时候就染上了词典癖，我看到我的回答为我赢得了尊敬。"

　　列宁酷爱和善于运用工具书。十月革命之前，列宁曾经侨居国外，其间不仅充分利用当地的图书馆、阅览室，还想方设法配备一套完整的工具书，并在工作和日常生活中随身带着常用词典做参考之用。一天，列宁与夫人克鲁普斯卡娅到瑞士的阿尔卑斯山徒步旅行。行前，夫人劝他不要再带工具书了，但列宁执意不肯，坚持把一本沉甸甸的词典放进了背包。在列宁的工作室里，几个大书柜存放着各种版本的百科词典等工具书，他办公桌的右边，还放置了一个他亲自设计的能转动的书架，放着必不可少的词典和各种资料。列宁在紧张工作后稍事休息时，常常拿起词典阅读，他对各种版本的工具书有什么优点或谬误都了如指掌。列宁借助各种工具书，不仅解决了工作中的许多难题和重大的理论问题，还写出了许许多多闪耀着思想火花的文章和著作，给后人留下了极为宝贵的财富。

第二章　工具书的主要类型

第一节　字典、词典

字典、词典是最常用和通用的工具书。

字典是中国独有的概念，是为字提供音韵、意思解释、例句、用法等的工具书。字典只收单字，一般是以字为单位，按一定的排检方法编排，注明读者、意义、用法，有的还说明写法。

我国第一部字典是东汉时许慎所编，不过，当时这部字典并不是以"字典"命名，而是叫《说文解字》。它是我国第一部系统地分析字形和考究字源的字书，也是世界上最古老的字书之一。

第一部称为"字典"的书，是清朝由张玉书等30人花了6年时间编成的《康熙字典》。康熙皇帝看后曾说这部书"善美兼备"，可奉为"典常"，因此命名为"字典"。以后，凡是这类解释单字的书，就都称为"字典"了。

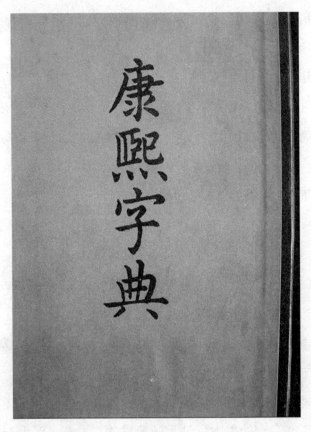

《康熙字典》

1815 年，英国传教士马礼逊在澳门为了做好翻译工作，编写了中国第一部英语学习字典《华英字典》。马礼逊在伦敦的时候，曾经在一名中国人的教导下学习了一年汉语，抵达广东后，曾翻译《三字经》及《大学》，并且编写过汉语语法书籍，对中国文化及语言有一定了解。因此在《华英字典》中可以找到很多出自《红楼梦》和《论语》的例句。《华英字典》是世界上第一本英汉—汉英对照的字典，篇幅大，内容多，有丰富的例句及解释，并收录大量

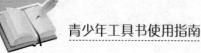
成语、俗语。1844 年卫三畏的《英华韵府历阶》及 1847 年麦都思的《英汉字典》都把它当作参照基础。

1866 年，德国传教士罗存德在香港出版一部两卷本的《英华字典》，可算是香港最早的双语字典。罗存德在 1848 年到香港传福音，于 1853 年成为香港的中国福音传道会的主要负责人。他曾编写过《英话文法小引》及《英华行箧便览》。

1915 年，中华书局出版《中华大字典》。

词典一般兼收单字和复词，重点在解释词语，它一般是先列单字，注音释义，再列以此单字为头的词语，然后释义。

对词典的定义，古今中外各有不同，即便是在不同国家或同一个国家的同一个时期，所出现的定义也不完全一样。

《辞海》的定义为："汇集语言里的词语，按一定方式编排，逐条加以释义或提供有关信息的辞书。"

《新牛津词典》的定义为："处理一种语言的单个词（或这些词的一些特殊类别）的书本，显示词的拼法、发音、派生与历史，或至少显示上述某些方面；为便于编排，单词按一定次序排列，许多语言都按字母顺序安排；在大型词典中，所提供的信息附以文学的例子。"

《法学宝库》定义为："一种语言的单词或人类活动一个领域的单词的汇集，由若干个词汇编集而成，一般按字母顺序排列，且就每个单词提供有关其意义和用法的若干数量的信息，并供一定的公众使用等。"

后两个定义虽是译文，可能在个别地方与原文有异，且本身的表述也不相同，但是三个定义所描述的词典的特性、中心内容还是一致的。

词典的问世晚于字典。较早的一部词典是《尔雅》。后又出现一些仿《尔雅》之作，有汉朝末年的孔鲋《小尔雅》、刘熙的《逸雅》（又名《释名》），三国时代魏国张揖的《广雅》，宋朝陆佃的《埤雅》、罗原的《尔雅翼》，明朝方以智的《通雅》，清朝吴玉搢的《别雅》、史梦兰的《叠雅》、洪亮吉的《比雅》等，

到了近现代，词典品种日益增多，先后出现了陆尔奎、方毅等人编辑的《辞源》、舒新城等人编辑的《辞海》、中国大词典编纂处的《国语词典》、杨树达的《词诠》、朱起凤的《辞通》、臧励龢等人的《中国古今地名大辞典》与《中国人名大辞典》、谭正璧的《中国文学家大辞典》、吴廉铭的《中华成语词典》、《四角号码新词典》、《新知识小词典》、《新名词辞典》、《综合新辞典》、《汉语辞典》、《新知识辞典》、《农民辞典》、《新词语》、《新华词典》及《现代汉语小词典》等等。

在中国古代，字典与词典统称为字书，二者之间并没有明确的界限。从《康熙字典》用"字典"二字与近代出现了"词典"名称后，词典与字典的分界才引起人们的重视，明确字典以解释汉字的音形义为主，而词典则以解释词语为主，兼释单字，博采广收单词、复词、成语典故、地名、人名、事物名称、科学术语、典章制度等。

词典与字典的编排方法大体相同，一般以词首之字立目，以字带词，单词在前，复词随后，按字序（顺）排列；释义举书证且注明书名或篇名。

词典一般可以分为普通词典和专业词典两类。普通词典主要指语言词典及综合性词典。语言词典专指现代汉语、古代汉语、文言虚词、成语典故、方言俗语等词典；综合性词典则是指以语言为主，兼收百科的大型词典，它往往在单字词语之外、大量地收进了成语典故、名物制度、古今名人、名著、地名、技术术语等，例如《辞海》。专业词典又称专科词典，它只收某一专业学科的名词术语，因其专业的针对性，所以对专业人员来说，实用性较强。

通过上面的介绍，我们可以将字典、词典的功用概括为以下几个方面。

1. 查找古今汉语的字、词

如：现代的《新华字典》，新华辞书社编，出过多种版本；《汉语常用字典》，该书编写组编；《中华大字典》，徐元浩、欧阳博存等编；《现代汉语词典》，中国社会科学院语言研究所词典编辑室编；《国语词典》，中国大辞典编纂处编；《四角号码新词典》，商务印书馆编；《辞源》，商务印书馆编辑出版；《汉语大词典》，罗竹凤主编；《辞海》，辞海编辑委员会编。古代的《说文解字》，东汉许慎著；《玉篇》，梁朝顾野王著；《类篇》，宋朝王洙、司马光等编；《经籍纂诂》，清朝阮元主编；《康熙字典》，清朝张玉书等奉诏编；《尔雅》编者佚名，晋代郭璞注，明代金蟠订《四库备要本》；《释名》，东汉刘熙撰；《广雅》，魏代张揖著。

2. 查找专业名词术语、典故

如：查文学词语的《诗、词、曲语词汇释》，张相著；《小说词语汇释》，陆澹安著；《金元戏曲方言考》，徐家瑞著；《宋金元戏曲词语汇释》（上册），南京大学中文系戏曲研究室编；《敦煌变文字义通释》，蒋礼鸿著；《政治经济学辞典》（上、中、下），许涤新主编；《经济大辞典》，《经济大辞典》编辑委员会编；《经济与管理大辞典》，马洪、孙尚清主编；《现代工业企业管理辞典》，陈伯林、阎达寅主编；《财政金融大辞典》，张一凡、潘文安著；《会计辞典》，龚清浩、徐政旦主编。

3. 查找古今人物、地名

如：《中国人名大辞典》，臧励龢等编；《中国古今地名大辞典》，谢振昌、臧励龢等编；《最新中外地名辞典》，葛绥成等编；《世界地名辞典》，中国科学院地理研究所等单位编写。

每种字典、词典类工具书都有其特定的功用，当我们需要查找不同的疑难问题时，可有选择地利用。

常用的字典和词典有《新华字典》、《现代汉语字典》、《辞海》、《中文大字典》，《同义词反义词对照词典》、《世界科技人名辞典》、《中国人名大辞典》、《英汉辞典》等。

延伸阅读：我国古代字书的发展

据《汉书·艺文志》记载，早在周宣王时，就产生了我国见于著录的第一部字书《史籀》，也是当时教育儿童的一种识字课本。

秦始皇统一六国后，配合统一文字的政策，特令李斯等用小篆编撰字书《仓颉篇》、《爰历篇》和《博学篇》。汉初，民间有人把上述三篇合为一篇，"断六十字为一章，凡五十五章"，仍取名《仓颉篇》。以后，陆续有司马相如的《凡将篇》、史游的《急就篇》等。不过，以上这些原只是一般的识字读本，诸如《急就篇》，也是经唐人颜师古作注、宋王应麟补注，使它具有查考字词的作用。真正奠定了我国古代字书基础的著作，还要算东汉许慎的《说文解字》。

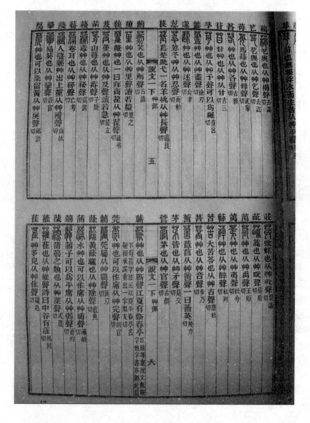

《说文解字》

　　该书以小篆为主体，兼收古文、籀文，全书分为 14 篇，收单字 9543 个，用读若法注音，按文字形体及偏旁构造分成 540 部，创立了按部首收字的体例。它还总结了战国以来的"六书"理论，创立了较为系统的解释文字的方法，并保存了大部分先秦字体和汉代以前的文字训诂，对我国古代语言文字的研究作出了重大贡献。晚清以来关于甲骨文、金文等古文字的研究，正是在《说文解字》的基础上建立起来的。总之，在我国古代字书史上，它是一部划时代的巨著。

晋朝吕忱的《字林》，是继承《说文解字》编纂的又一部字书名著。在唐代以前，人们还把它和《说文解字》并称，可惜不久就失传了。据《封氏闻见记》，《字林》的部首与《说文解字》相同，收字12824个，较《说文解字》为多。《魏书·江式传》说，该书"文得正隶，不差篆意"，可见是我国第一部用隶书写成的字书。梁顾野王的《玉篇》，则是我国第一部用楷书编成的字书。今本《玉篇》虽非原本，但可知其对《说文解字》有所增订，也是一本较好的字书。

自隶书、楷书代替篆书通行以后，文字的形体发生了重大变化，新字和俗体也日益增多，于是就有人注意研究文字的异同，从而产生了颜元孙的《干禄字书》、释行均的《龙龛手鉴》、郭忠恕的《佩觿》及李从周的《字通》。这些字书对于我们认识一个字的异体，辨清许多形体相似的字，还是有用的，其中《字通》创建了按笔画排字的方法，一直沿用至今。

宋代的字书主要有王洙等相继修纂的《类篇》，它继承了《说文解字》和《玉篇》的体例，着重探讨字源，说明文字形体之变化并吸收了大量的新字（共收字31319个），讲古音、古训，在字书史上有一定贡献。

元戴侗撰《六书故》，改变了《说文解字》的部首编排，分为数、天文、地理、人、动物、植物、工事、杂、疑九部，每部之下各分若干细目，按字义排列。但戴侗攻击许慎用小篆做本字，使人"不知制字

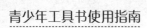

之本"，所以他的《六书故》采用钟鼎文字，钟鼎文没有的字才用小篆。《四库全书总目》曾指出该书"非今非古，颇碍施行"。不过书中解释文字，也有精详的考证，作为研究古代文字训诂的工具书，还是有用的，不能一笔抹杀。

明代梅膺祚的《字汇》，是我国一部较为通俗而编排方法也比较进步的字书。它收编单字33179个，包括俗字，而僻字则一律不收，并把《说文解字》的部首简化成214个，均按笔画多少排列。注音方法是先反切，后直音。对字义的解释，也较为清楚。全书分为子丑寅卯等12集，连首卷及附录共14卷，每卷用表注明各部首及其所在页码，末附检字表以便查找不易辨别部首的字。这种编排方法是字书发展中的一大改进，后世多沿用。该书在明末曾风行一时，给它作补编或用其名新编的字书也很多，其中流传较广的则是张自烈的《正字通》。

清康熙四十九年（1710年），张玉书等奉命撰《康熙字典》，这是我国字书第一次用字典的名称。该书继承了《字汇》和《正字通》的体例，分为214部，共收字47035个，用反切注音，释义旁征博引，可以说是我国封建时代纂修字书的一个高峰。当然，该书也存在不少缺点和错误。乾隆时王锡侯著《字贯》一书，就对《康熙字典》的错误有所指摘和议论，但因此冒犯了康熙"御定"的威严，又因该书没有"避讳"，落了个作者满门抄斩，其著作也全部被销毁（事见《掌故丛编》）！直到道光七年（1827年），王引之奉皇帝之命，著《字典考证》，才校正了该书引书的错误2588条。显然，错误当不限于此。

我国古代专门汇集经史中文字训诂的字书有唐代陆德明的《经典

释文》、清代阮元的《经籍籑诂》，集释佛经音义的著作有唐代玄应的《一切经音义》、慧琳的《一切经音义》，研究虚字的有清代刘淇的《助字辨略》、王引之的《经传释词》等，它们都是价值较高的专著。

第二节　类书、政书

一、类书

类书是我国古代百科全书式的汇编式的工具书。它辑录各门类或专类的资料，按一定的方式编排，供查检、征引，其内容广泛，综合众类之全面，资料之丰富在世界书籍发展史上都是罕见的。

类书作为文献著录分类术语，最早出现于宋朝人的《崇文书目》。此类书兼有四分法中经、史、子、集四个部类的内容，开始由于种数少，有的就把它作为"一家之言"分入子部的杂家之中（《隋书·经籍志》之中的《皇览》），也有的分入丙部（即史部——晋朝荀勗《中经新簿》中的《皇览簿》）；后来，因种数不断增多，"一家之言"逐渐转变成"众人的观点"，著录分类者就难以再把它们列入史部或子部等部属里，于是有人把它们另标一目，立为"类事"（《旧唐书·经籍志》）；宋朝人将"类事"名改为"类书"，一直沿用到今天。

我国类书的起源，可以追溯到《尔雅》，书中依所释的字词分释诂、释言、释训、释亲、释宫、释器、释乐、释天、释地、释丘、释

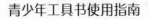

山、释水、释虫、释鱼、释鸟、释兽、释畜、释草、释木等19类，虽为解说经书中的词语训诂之作，是一部隶属于辞书之类的训诂词典，但其分门别类的体例，却开类书之先河。后来经过不断地增补内容，约于汉朝停止充实。

三国时期，魏文帝喜好著书立说，诏令王象等许多属臣从延康元年（220年）起，用数年的时间，辑撰成一部有800多万字的《皇览》，该书分为40多卷，每卷有数十篇，总计1000多篇，被部分学者认为是中国的第一部类书。

南北朝时期，类书继续发展。其中影响较大的有《寿光书苑》、《类苑》、《华林遍略》（梁朝徐勉等人著，700卷），北齐人所著《修文殿御览》（360卷），然而都早已散佚。清朝光绪年间，人们在敦煌石窟的文物古籍中发现有类书抄本残卷，罗振玉考订为《修文殿御览》，洪业看后认为是《华林遍略》。

进入唐朝，文风没有多大变化，类书迅速发展，较著名的有《北堂书钞》（内分801类）、《艺文类聚》（内分740多类）等。

到了宋朝，类书进入发展高峰，出现了《太平广记》（内分92个大类，总500卷）、《太平御览》（1000卷）等著名的作品。金元二朝，类书编撰陷入低谷，完颜纲、乔宇等人于金章宗泰和四年（1204年）奉命编撰的《编类陈言文字》（20卷，辑有关宫廷、大臣、省台六部的故事）算是比较有名气，但已失传；另一部是赵世延、虞集等人于元文宗天历至顺年间奉命编撰的880卷《经世大典》（辑录有关治乱得失的史事），但也有残缺。

《太平广记》

　　明清两朝，类书编撰走出低谷，明朝的《永乐大典》（已散佚许多）和清朝的《古今图书集成》等名作陆续问世。该类书是著者根据读者需要，辑录有关书中可供参考的原文资料，并注明出处（以表明资料的来源及利于读者了解、检索更多的原始文献），然后分门别类编排而成的书。

　　按照内容，类书可分为综合性类书与专门性类书。

　　综合性类书一般辑录的内容都极为广泛，被称为百科全书式的"资料汇编"。它们通常辑录典故、典章、诗文、词赋、成语、制度、

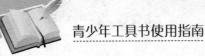

天文、人物、地理、风俗、花草、树木、飞禽、走兽、山川、百谷、鱼虫、歌舞，似是无所不包，如《太平御览》、《古今图书集成》等。

专门性类书通常是由一门学科或若干门学科的部分资料汇集而成的书，如《太平广记》，它专收小说，把古代小说按内容分类收录。

按照内容的功用，类书又可划为以下几个类型：

（1）可供追溯事物起源的，如《格致镜原》、《事物原会》等；

（2）可供查考岁时典故的，如《岁时广记》、《月令粹编》等；

（3）可供辑佚与校勘古籍的，如《艺文类聚》、《册府元龟》、《永乐大典》、《初学记》、《太平御览》等；

（4）可供查考官职的，如《册府元龟》；

（5）可供查考字义的，如《骈文类编》；

（6）可供检索物名、制度、史实典故的，如《玉海》、《册府元龟》、《艺文类聚》、《太平御览》等；

（7）可供检索诗词文章典故的，如《子史精华》、《骈字类编》、《文苑英华》、《佩文韵府》、《渊鉴类函》等。

按文献内容的性质分类，类书可分成专收一类内容及兼收数类、数十类内容的，如《太平广记》专收小说，《册府元龟》专收史料，《佩文韵府》专收辞藻，《文苑英华》则收录了诏诰、书判、表疏、碑志等类内容，《永乐大典》收录了佛经、道藏、医书、方志、平话、戏曲、小说、工技、农艺、诗词等内容，《古今图书集成》收录了政治、经济、军事、文化、教育、文学、艺术、哲学、宗教、历史、地理、天文、气象、地质、矿产、农业、渔业、牧业、手工业、工程技术、数学等等。

有的著录把类书类型划分得很细，邓嗣禹编的《燕京大学图书馆目录初稿》中的《类书之部》，就将类书分成十大类：

（1）类事，录《艺文类聚》、《北堂书钞》、《太平御览》等；

（2）典故，录《事类赋》、《骈玉雕龙》、《类林新咏》、《子史精华》、《佩文韵府》等；

（3）博物，录《全芳备祖》、《三才图绘》、《格致镜原》、《通俗编》、《事物纪原》、《月令粹编》、《方舆类聚》等；

（4）典制，录《通典》、《通志》、《文献通考》、《经济类编》、《时务通考》等；

（5）姓名，录《古今同姓名录》、《小名录》、《万姓统谱》等；

（6）稗编，录《太平广记》、《清异录》、《说略》、《宋稗类钞》等；

（7）同异，录《鸡肋》、《古事比》、《事物异名录》等；

（8）鉴戒，录《类林杂说增广分门》、《谷玉类编》、《人寿金鉴》等；

（9）蒙求，录《蒙求集注》、《十七史蒙求》、《记事珠》、《幼学故事琼林》等；

（10）常识，录《世事通考全书》、《广学类编》等。

其中的典制、姓名二门所收的政书与有关姓氏的专著，被有的学者认为"不应算作类书"；常识门的作品，被认为"近于后来的百科全书，亦不宜归入类书范围"。

类书与现代百科全书的区别是：类书是在各条目下罗列古书中记载

的原始资料，而现代百科全书，则收集新科学知识，概括地介绍、说明、论述。

那么，类书一般都具有什么样的特点呢？

1982年上海古籍出版社出版的刘叶秋的《类书简说》中有这样的描述："类书采择经史子集中的语词、诗文、典故以及其他各种资料，汇集成书，取材不限一种；以形式说，全都分门别类，编次排比，以便检索；以作用言，它和字典、词典与现代的百科全书等又有些接近。但它虽录经书，却并非经传注疏；虽列故事，却并非历史；虽采子书，却并非专取一家之言；虽选诗文，却并非各家作品的总集；虽由语词的训诂，却并非像字典、词典与百科全书那样的注释、解说（只有个别的加上按语来辨释、考证或者校勘）。"

对于类书的特点，这里描述得很抽象，不具体，难以判定。有的学者将类书与丛书相比，认为类书的特点"从各种书中择抄材料，分类编次；丛书则把多种著作整部的编印在一起，原书仍各自独立"，两者"毫不相干"（刘叶秋《类书简说》）。其实有些类书中也编印了不少整部的著作，如明朝的《永乐大典》内就编进不少的整部书原文。

不难看出，过去对类书的特点与标准没有一个统一的认识，"同属一书，而此以为是类书，彼以为非类书"，现在，一般认为类书具有如下特点：

（1）"以杂见称。"它辑录的资料范围非常广泛，举凡天文地理、历史人物、典章制度、诗词歌赋、成语典故、文章丽句、名词解释、鸟兽虫鱼、科技史料等，宇宙间各类事物，皆山包海汇其中。

（2）"以类相从。"它按类来编排辑录材料、依类编入书中。比较重要的类书，大都根据每个朝代政治、经济、文化制度，社会生活划分为若干大的部类。

二、政书

政书是一种具有文化性质的专史，属于历史著作的一个门类。它是专门记载典章制度的沿革变化和各项政治、经济、军事、文化制度的演变和发展的书籍。

政书起源于唐朝，是刘秩编撰的《政典》；杜佑以此为基础补充完善，编纂成《通典》200 卷，成为中国第一部较完备的政书，为后代许多人所仿效。宋朝郑樵辑编《通志》200 卷，元朝马端临辑编《文献通考》348 卷。清朝乾隆帝在上述史称唐、宋、元"三通"之书的基础上，又命朝臣编成《续通典》、《续通志》、《续文献通考》、《清通典》、《清通志》、《清文献通考》，史称"九通"。清朝末年，刘锦藻又著《清续文献通考》，合称"十通"。

从各种政书的内容范围上看，可将它们分成以下两大类：

一类是汇集若干个朝代典章制度的，如"十通"，它比较系统和完整地收录了中国古代数千年的典章制度。其中的《通典》一书就收录撰述了中国古代至唐玄宗天宝年间的典章制度及其历史沿革。此类书的最大特点是将史料前后贯通，边录边议，有些还加按语。

另一类是记述一个朝代的具有断代性质的"会典"与"会要"。"会"是指集中汇集，"要"是指概要；"会要"或"会典"即是指把一代各朝的典章制度汇集到一起，简要地加以叙述。

使用"会要"之名成书的是唐朝的苏冕，其书《会要》40 卷，汇

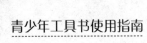

集了唐朝高祖至德宗九朝之事。后来杨绍等人又奉命编纂《续会要》，收录德宗至宣宗七朝的事。宋朝王溥又将唐宣宗至唐朝灭亡时的事，与苏冕的《会要》及杨绍等人的《续会要》合为一体，编撰成《唐会要》100卷，成为一部完整的"会要"专著。不久王溥还编撰了《五代会要》30卷。自此，"会要"作为一种著作体裁被学者们认可，相继仿效。各个朝代都编撰"会要"。南宋的徐天麟编撰《东汉会要》与《西汉会要》，第一次将"会要"内容分类编排，为读者查考、检索提供了方便，为后人所效法。

"会典"作为一种文史创作体裁，最早出现于元朝，名为《元典章》，而"会典"作为书名，则始于明朝的《明会典》。清朝编撰有《大清会典》。

政书因其广泛采录了历代政治、文化、军事、经济等方面的规章制度，对社会的发展变革有启示作用，成为阅读古籍、研究历史时需要翻检的一类工具书，用来参考或仿效或考证今日制度之优劣。同时，由于政书之中的有些内容是照录史料的片段或原文，保存了有关的古籍资料，因此又可供辑佚之用。

第三节　百科全书

百科全书是一种重要的知识密集型工具书，它总结和组织了世界上累积的知识，其内容上自天文，下至地理，旁及社会生活、科学技术、文化教育，举凡人类的知识和学问，无所不收，是百科知识的汇总，是一种理想的参考工具书。

百科全书最初产生于古希腊、古罗马时代。18 世纪，西方国家出现了现代型的百科全书。我国于清末民初之际开始翻译国外的百科全书。最初是将国外的"百科全书"译为"百科类典"或"百科学典"，之后才逐步确定今名。1980 年，中国出版了第一部综合性的大型百科全书——《中国大百科全书》。

《中国大百科全书》

百科全书一般用于查找以下问题：概念、定义、背景性材料、人物传记资料、地名、组织机构、规范材料、图像材料、事件、活动、奇特事物等一般事实性咨询问题。

百科全书依其所收范围可分为两类：一类为综合性的百科全书，一类是专科性百科全书。

（1）综合性百科全书。其内容包括对一切学科部门知识的解释。

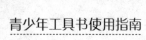

如：《中国大百科全书》，中国大百科全书出版社编辑出版；《简明不列颠百科全书》，中国大百科全书出版社和美国不列颠百科全书公司合作编译出版；《苏联大百科全书》、《世界大百科事典》、《美国百科全书》、法国的《拉鲁斯百科全书》（20卷）、德国的《布洛克豪斯大百科全书》（15卷）和《迈耶百科辞典》（25卷）。

（2）专业性百科全书。其内容包括对某一学科领域内的全部知识的解释，依其分量多少，可分为大（型）百科全书（一般在20卷以上）、小（型）百科全书（一般在20卷以下）和百科辞典三类。如：《世界经济百科全书》，钱俊瑞等主编；《中国企业管理百科全书》，中国企业管理百科全书编委会编；《现代经济常识百科全书》（上、下册），现代经济常识百科全书编辑委员会编；《经济学百科全书》，于宗先主编；《企业管理百科全书》（上、下册），哈佛企业管理丛书编纂委员会编。

现代百科全书虽然卷帙浩繁，但都是由一个个条目汇集而成的。条目是百科全书的基本构成单位，也是我们查阅的基本单位。因此条目是百科全书查检的关键。条目编排体例有两种：常见的是按字母顺序即音序排检，另一种是按知识部门和学科分类排列。为了向读者提供更多的检索途径，往往编制有各种索引辅助工具。使用时，要注意从书中的序言或说明中了解具体的查找方法，以便用最快的速度查找到所需的条目。

由于百科全书汇集了人类各个学科门类完备而系统的知识，增添了便于检索的各种途径，所以，它既有查检作用，又有系统阅读、普及教育的作用。其功用具体地说，主要有下述几点：

（1）查检。百科全书汇集大量资料，经提炼、浓缩汇编而成。因此可以供人们查找文献资料，而且具有无可比拟的丰富性，又因为它的先进性、客观性、权威性，所以，它能为人们核对资料提供可靠依据。

（2）学习阅读。现代百科全书是以科学分类为基础选编材料的，因此可以帮助读者了解人类各知识领域的系统分类与相互关系，详细了解每个学科和分支的内容，以达到系统学习的目的。如1980年出版的《中国大百科全书》中的《天文学》，就有1074个条目、700多幅插图、155万字，含天文学史、天体测量学、天体力学、理论天体物理学、天文仪器和方法、空间天文学、太阳和太阳系、恒星和星际物质、星系和宇宙学等方面的系统知识。1982年版中的《外国文学》，知识的系统性更强，收录的条目包含了各国各民族文学的概况及有重大影响的文学流派、思潮、事件、团体、体裁、主要作家（文学家、批评家、理论家）、作品、著名的文学报刊等。

百科全书又以其全面丰富的知识、详尽系统的论述使读者开阔眼界，增进知识，有很强的可读性。

常用的百科全书有《中国大百科全书》、《新不列颠百科全书》（中、英文版）、《大美百科全书》（中、英文版）、《布鲁克豪斯百科全书》、《计算机科学技术百科全书》、《麦格劳—希尔科技百科全书》、《数学百科全书》、《化工百科全书》、《科学家传记百科全书》等。

第四节　年鉴、手册

一、年鉴

年鉴是逐年出版，提供相应年份内各行现行资料的工具书。辛亥革命以后，中国才有年鉴。年鉴资料一般取材于政府公报、文件和重要报刊，比较可靠，内容包罗万象，实质上是一年度的百科全书，专供了解国内外大事、各国概况之用。既是各类动态性资料和时事、数据的综合性查考工具，也是编制百科全书类工具书的基本信息源。

年鉴在英语中有三种表示方法：Yearbook，Annual 和 Almanacs。Yearbook 类年鉴，主要以描述与统计的方式提供前一年的动态性资料和各项最新信息及连续统计数字。一般只收当前资料而不收回溯性资料；Annual 类年鉴，一般都逐年综合述评某个领域的进展状况，多为专科性年鉴，内容仅限于相应年份的当前新资料；Almanacs 一词在阿拉伯语中为"骆驼跪下休息的地方"。随着岁月的推移，它的含义是以历法知识为经，以记录生产知识、社会生活为纬的年鉴出版物，它与 Yearbook 在内容上有区别，Yearbook 不收录回溯性资料；而 Almanacs 有回溯性资料。但在使用过程中，把它们视为同一类工具书。

年鉴可分为两类，一类是综合性年鉴，如《中国百科年鉴》、《世界年鉴》、《世界知识年鉴》、《中华年鉴》；另一类是专科性年鉴，如《世界经济年鉴》、《中国商业年鉴》、《中国经济年鉴》、《香港经济年鉴》、《财政年鉴》。

年鉴的特点是资料新颖、权威性强，具有实用性和指示性。年鉴为一、二、三次文献的集合体，既可供阅读，又可供查询原始文献。

年鉴的功用是可以提供上一年时事动态的新资料，提供上一年政府发表的重要文献，提供某一学科的重要论著（论文）和某些问题的争鸣情况，提供反映事物发展趋势的可比性资料，提供阶段性的总结和说明资料。

常用的热门年鉴有：《欧罗巴世界年鉴》、《世界大事年鉴》、《中国统计年鉴》、《中国人口年鉴》、《中国经济年鉴》、《中国经济特区开发区年鉴》、《中国教育统计年鉴》、《中国电影年鉴》、《中国年鉴》、《世界知识年鉴》、《美国年鉴》等等。

二、手册

手册是以简明的方法介绍一定范围和学科的基础知识及参考资料的工具书。其名称来源于英文"Hand Book"，有手头常用书的含义。常以叙述和列表或图解方式来表述内容，并针对某一专业学科或专门部门，收集相关的事实、数据、公式、符号、术语以及操作规程等专门化的具体资料。

手册按内容来分，有综合性手册，如：《中华人民共和国手册》(1949－1985)；专科性手册，如：《经济法手册》、《国外企业管理知识手册》、《中国现代会计手册》、《经济技术市场活动指南》、《对外贸易经济手册》；资料性手册，如：《当代国外社会科学手册》、《世界新科学总览》。

手册类工具书还包括指南、必备、大全、便览、总览、要览、一览等。其特点是小型、专题明确具体、取材新颖、论述简要、实用性强，易于随手翻检。

手册的作用主要表现在以下几个方面：

（1）帮助人们了解某一方面的基础知识。

（2）帮助人们获取某一专业较新的知识。

（3）帮助和指导人们做好某些事情。

常用的手册有《化学物理手册》、《贝尔斯坦有机化学手册》、《盖墨林无机化学手册》、《核磁共振光谱数据手册》、《兰格化学手册》、《无机物热力学数据手册》、《物理化学手册》、《联合国手册》、《国外科技核心期刊手册》、《机械工程手册》、《橡胶工业手册》、《溶剂手册》、《电子器件数据手册》等。

第五节　名录、图册、表谱

一、名录

名录是供查阅有关名称及其基本状况的资料性工具书。

在现代社会中，名录是社会生活交往中不可缺少的参考性工具书。我们在学习研究、经营管理、对外经贸活动以及日常生活中，经常会需要了解国内外企业、商社及其负责人等情况，有时需要了解某一产品的性能、质量。解决上述问题，往往要查考有关名录。

名录一般可分为人名录、地名录、机构名录、物品名录、产品名录、企事业名录等。

人名录如《新中国人名录》、《国际人名录》、《经济学家人名录》、《中国现代名人辞典》、《近代现代外国哲学社会科学人名资料汇编》。

机构名录有时也称为一览、指南、简介、概览等，如《中国工商企业集团公司名录大全》、《世界工商企业名录》、《中国工商企业名录》、《中国企事业名录大全》。地名录如《世界地名录》、《中国地名录》。物品名录如《物品名目汇编》。

名录具有以下作用：

（1）了解人物的简历、主要事迹及其评价。名录会提供研究其人及有关问题的资料。

（2）了解各类机构的现状及职能，如机构名称、产品及劳务提供等业务范围、负责人、通讯联系等情况，便于业务联系。

（3）查审正确的地名及其地理位置和所属区域。

（4）查询商品资料。

二、图册

图册是通过若干图像汇集起来并配有一定文字说明来反映事物特征和发展情况的工具书。

图册包括地图、文物图、人物图等。

图册的作用在于了解一个国家和地区的地名、地理位置及行政区划的变化情况；了解一个国家的自然气候、产品资源分布、地势等情况；了解一个国家的历史发展变化和重大事件；了解人物的活动及有关情况；了解一个国家的历史文物的产生背景及其艺术欣赏价值。

常用的图册有《中华人民共和国地图集》、《世界地图集》、《牛津世界经济地图集》、《中国历史地图集》、《中国历代货币》、《中国历代名人图鉴》等。

三、表谱

表谱是把种种复杂的事物用简明的表格等形式表现出来供人们查检的工具书。其特点是文字简练，易于检索、了解和掌握。包括年表、历表和其他专门性表谱。

年表是把重要的历史事件提纲挈领地记载下来，按照发生年代的顺序，编纂成表，以供查阅，所以又称"大事表"。

年表出现得也较早。中国周朝史官记录帝王年代与事迹的"牒记"就是年表的雏形。司马迁在《史记》中，利用周谱的旁行斜上法编制了体例比较完善的《十二诸侯年表》、《六国年表》等。

年表有纪元年表和纪事年表。纪元年表可用于查考历史年代和帝王庙号、谥号、年号、干支、太岁、公元等各种历史纪元。纪事年表除纪年外，还有纪事，主要用于查考各种历史大事。

历表一般分旧历表和新历表。旧历表是把中国历史上的朝代、帝王年号、干支年月等顺序排列以供查对；新历表是把上述各项的西历（公历）纪元的年、月、日列表对照以供换算。

小知识：阳历、阴历、农历

阳历（即公历），是世界上多数国家通用的历法，由"儒略历"修订而成。儒略历是公元前46年，古罗马统帅儒略、恺撒决定采用的历法。

阳历，是以地球绕太阳运动作为根据的历法。它以地球绕太阳一周（一回归年）为一年。一回归年的长度是365.2422日，也就是365天5小时48分46秒，积累4年共有23小时15分4秒，大约等于一天，所以每4年增加1天，加在2月的末尾，得366天，就是闰年。但是4年加1天实际回归年多了44分56秒，积满128年左右就又多算了一天，也就是在400年中约多算了3天。

阳历闰年规定：公元年数可用4整除的，就算闰年；为了要在400年减去多算的3天，并规定公元世纪的整数，即公元年数是100的整数时，须用400来整除的才算闰年，如1600年、2000年、2400年就是闰年。这样就巧妙地在400年中减去了3天，阳历规定每年都是12个月，月份的大小完全是人为的规定，现在规定每年的1、3、5、7、8、10、12月为大月，每月31天；4、6、9、11月为小月，每月30天；2月平年是28天，闰年是29天。

阴历，是根据月相圆缺变化的周期（即朔望月）来制定的。因为古人称月亮为太阴，所以又有太阴历之称，是纯粹的阴历，我国使用"农历"，一般人叫它"阴历"，那是不对的。农历不是一种纯粹的阴历，而是"阴阳历"。

阴历把月亮圆缺循环一次的时间算作一个月，12个月算作一年。然而月亮圆缺循环一次——一个朔望月，是29天12时44分3秒，比29天多，又比30天少。为方便，阴历把月份分成大月和小月两种，逢单的月是大月30天，逢双的月是小月29天，一年共是354天。

实际上，一个朔望月并不正好等于一个大月和一个小月的平均数——29天半，而是比29天半多44分2.8秒。所以12个朔望月实际上要比354天多8小时48分34秒，30年就要多出11天。因此，阴历30年中就要安插11个闰年，每逢闰年就在12个月多加一天。阴历的闰年是355天。这样，阴历每30年中有19年354天，11年355天，平均一年的长度是354天8小时48分。它的一年比回归年差不多短了11天。3年就短一个多月，17年就要短6个多月了。所以使用这种历时，新年不一定在冬天过，它可以在春天过，也可以在夏天或秋天过。它的唯一好处就是阴历上的每一个日期都可以知道月亮的形状。

阴历作为一种历法，由于它与农业生产和人们的日常生活不相协调，大部分国家一般已经废弃不用了。

农历，是把朔望月的时间作为历月的平均时间。这一点上和纯粹的阴历相同，但农历运用了设置闰月的办法和二十四节气的办法，使历年的平均长度等于回归年，这样它就又具有了阳历的成分，所以它比纯粹的阴历好。

现在所有的农历，据说我们的祖先远在夏代（公元前17世纪以前）就使用了这种历法。所以人们又称它为夏历。新中国成立后仍然叫做夏历，1970 年以后我国改称为"农历"。至于"农历"一名的由来，大概因为由于自古以农立国，所以制定历法必须为农业服务。

农历的历月是以朔望月为依据的。朔望月的时间是 29 日 12 小时 44 分 3 秒（即 29.5366 日），因此农历也是大月 30 天，小月 29 天，但它和纯粹的阴历并不完全一样，因为纯粹的阴历是大小月交替编排的，而农历年大小月是经过推算决定的。

农历每一个月初一都正好是"朔"（即月亮在太阳地球中间，且以黑着的半面对着地球的时候）。有时可能出现两个大月，也可能连续出现两个小月。由于朔望月稍大于 29 天半，所以在农历的每 100 个历月里约有 53 个大月和 47 个小月。

农历是基本上以 12 个月作为一年的，但 12 个朔望月的时间是 354.3667 日，和回归年比起来要相差 11 天左右。这样每隔 3 年就要多出 33 天，即多出一个多月。

为了要把多余的日数消除，每隔 3 年就要加一个月，这就是农历的闰月。有闰月的一年也叫闰年。所以农历的闰年就有 13 个月了。至于闰哪个月是由节气情况决定的。

历表除用于查考历史年代和历史纪元外，主要用于换算不同历法的年月日。

专门性历史表谱主要用于查考人物、职官、地理等专题或专利资料。

年表有清朝万斯同的《历代史表》，近现代以来有文物出版社的《中国历史年代简表》、荣孟源编的《中国历史纪年》、万国鼎的《中国

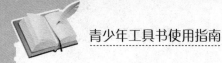
历史纪年表》、翦伯赞等人的《中外历史年表》、方诗铭的《中国历史纪年表》、陈庆麒的《中国大事年表》、东北师范大学的《中国历史大事年表》、中国人民大学中国史和革命史教研室的《中国通史大事年表》、吉林师范大学的《中国近代史事记》、中国科学院近代史研究所的《中华民国史资料丛稿——大史记》、南开大学历史系的《中华人民共和国大事记》等。

历表有殷周时期的《殷历》、《颛顼历》，汉朝邓平等人的《太初历》，晋朝有杜预的《春秋长历》，南宋有祖冲之的《大明历》，隋朝有刘焯的《皇极历》，唐朝有傅仁均的《戊寅历》和僧一行的《大衍历》，宋朝有刘羲叟的《长历》和杨忠辅的《统天历》，元朝有郭守敬的《授时历》，明朝有元统的《大统历》，清朝有汤若望的《时宪历》，近现代有陈垣的《中西回史日历》与《二十史朔闰表》、薛仲三等人的《两千年中西历对照表》、中国科学院紫金山天文台的《1821－2020二百年历表》等。

专门性的表谱有源于古代谱牒的清朝沈炳震的《二十一史四谱》、吴荣光的《历代名人年谱》、纪昀等人的《历代官职表》、陈芳绩的《历代官职表》和近现代以来陈垣的《释氏疑年录》、张惟骧的《疑年录汇编》、姜亮夫的《历代人物年里碑传综表》、姚名达的《中国目录学年表》、中国科学院地震工作委员会历史组的《中国地震资料年表》及《马克思恩格斯生平事业年表》等。

第六节　目录、索引、文摘

目录、索引、文摘是人们查检书籍文章等文献情报的重要检索工具，三者以各自不同的方式揭示文献的外在特征和内容特征，为读者提供多种查检文献情报的途径。

一、目录

目录是记录书刊名称、作者、出版处、出版年月等情况，并按一定次序编排而成的工具书。

目录的名称极多，历来称谓各异，最早的正式目录著作是西汉末年刘向的《别录》与刘歆的《七略》，之后又出现了"簿"、"记"、"艺文志"、"书录"、"书录解题"、"志"、"书志"、"经籍志"、"读书记"、"题记"、"题识"、"考"、"经籍考"、"目"、"目录"、"总录"等。

目录是指引性工具书的一种，其内容通常分两种：一种是只录书（报纸、期刊）名、著者、卷（册）数、出（印行）版、出版时间等项的单纯的图书（报刊）书目；另一种是附有图书或报刊内容、作者生平、版本的考证、存佚完缺情况、内容评论等项的提要或解题式书目。

目录包含的小类繁多，依编制的目的与用途分，有登记书目、参考书目、推荐书目、通报书目等；按收录内容分，有个人著述书目、地方文献书目、专题或专科书目、综合书目等；按收藏情况分，有联合目录、馆藏目录等；据著录内容类型分，有图书目录、报纸目录、期刊目录、丛书目录、方志目录、古籍目录、少年儿童读物目录、乐谱目录、盲文图书目录、光盘目录、磁盘目录等。

目录的编排方法很多，大多数是依据一定的分类方法按科学体系编排的，也有按内容的主题编排的，还有依书名顺序编排的，又有依时间顺序编排的。如《历代妇女著作考》是依地区顺序编排的；《中国地方志综录》则是照著者姓名编排的，等等。

从外部形态来看，目录有书本式，也有卡片式，还有附录式、机读式等。

不同种类的目录，其作用也各有不同，就整体而言，目录可以反映一定历史时期人类科学文化的发展概况，便于人们了解各类知识的分布，引导人们进行学习，是指示读书治学的门径。

具体地说，目录可以告诉人们哪些地区、单位或个人有哪些书刊，需要某一些或某一类、某一种、某几种资料该到哪些书刊里检索；它的内容提要、考证、评论、分类等目录，还可以使人们了解掌握不同的文学流派的思想渊源与发展动态和方向。

目录与书刊分类、图书的版本考订、校勘学等都密切相连，是读书治学的基础。

另外，有的书内容是书目，然而书名标的却是"索引"，如《群书检目》等，不能望文生义。

常用的目录有《工具书指南》、《全国新书目》、《全国总书目》、《中国丛书综录》、《经济著作要目》（1949—1983）、《八十年代史学目录》、《四库全书总目》、《贩书偶记》等。

二、索引

索引又名"索隐"、"题录"、"引得"等，中国古代称为"通检"、"备检"、"韵编"等。它是指将一种或多种书、报纸、期刊等文献里的一项或几项具体内容，如字、词、语句、书名、篇名、人名、地名、主题等辑录出来，列成条目，注名出处，用分类或字顺等有利于检索的方法进行编排而成的书。

索引的特点是有明确的索引范围、特定的索引对象和编排方法，一般都对内容予以注释，如《唐五代人物传记资料综合索引》中的"新兴公主"有二位，则分别注释为唐太宗女与唐昭宗女，以示区别。

"索引"的条目一般都是由序号、标目、出处、注释构成，也有的无注释。序号是各种编排号码法的统一称谓，若是使用分类法编排的索引则可具体地称它为"类号"或"类序号"，部首法编排的称为"形序号"，韵目法或拼音字母法编排的称为"音序号"，四角号码法编排的称为"数序号"等。标目是指索引内容的标题。出处是指索引的内容出自哪一个出版社的哪一个作者的哪一个版本的书的哪一册的哪一页。注释是指前面"出处"中还没把索引内容的意思说明白，再继续补充说明。

"索引"与书目的性质有相似之处，多数索引是供查找资料信息的出处，也有少数可供直接查检一些简单的内容，如《室名别号索引》、《同书异名通检》等均可从异名中查到本名。使用"索引"检索资料可以节省大量的时间。

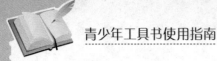

"索引"书的具体种类较多，有书名索引、篇名索引、作者索引、人名传记索引、地名索引、字句索引等；根据收录资料的内容，有的又将其分成图书、报刊两大类索引，或综合性与专题性两类索引，或一书和群书索引等。

你知道吗：索引在中国的起源与发展

索引源于古代，中国的先秦两汉时期索引就已萌芽，《史记》的末篇《太史公自序》中的篇名与序列号已具有索引的性质，可以起到方便检索内容的作用。

三国时期，魏文帝下令编纂了类书《皇览》（已散佚，现有清朝人孙冯翼的辑本、黄奭的辑本），其索引的特性就更为明显，尤其是后来南北朝出现的《寿光书苑》（散佚）、《类苑》（散佚）、《华林遍略》（散佚）、《修文殿御览》（散佚，现有唐代人的抄本参卷）、唐代的《艺文类聚》等，具备了"索引对象、编排方法、注明出处"三大基本要素，但有一条，即"在规定的范围内，索引不齐全"（因类书只具有举要性质）。

有学者依据宋朝人晁公武的《郡斋读书志》、陈振孙的《直斋书录解题》的著录，判定宋朝的《群书备检》（已佚，作者不详）是中国最早的一部群书篇目索引。

明朝张士佩的《洪武正韵玉键》（万历三年刊），是对《洪武正韵》所收各字的分类索引；具备了索引的基本特征。明代末年学者傅山的《两汉书姓名韵》，收《汉书》与《后汉书》中纪、传、志等内容中的人名，依洪武正韵为序排列，姓名后有篇名、事略、参见、附注（钱亚新《中国索引论著汇编初稿》），全书分《西汉书姓名韵》与《东汉书姓名韵》两部，是中国首部姓名索引，完全符合索引的基本要求。

到了清朝，学者们对索引编撰的思路已比较清晰，突出表现在乾嘉时期著名学者章学诚明确提出的索引要"择其中之人名、地名、官阶、书目，凡一切有名可治，有数可稽者"（指重视关键词语的选择）、"略仿《佩文韵府》之例，悉编为韵"（指条目应有序编排）、"自一见再见，以至数千百，皆译注之"（指对每一个条目都应不避重复地注明出处，这也是其与举要性的工具书的区别之处）等理论。

20世纪20年代，中国部分学者根据本国索引传统兼收外国的近代索引经验，掀起了"索引运动"。首先是万国鼎（江苏武进人，历任商务印书馆编辑、金陵大学图书馆研究部主任等职）于1928年在《图书馆学季刊》二卷三期发表《索引与序列》，称赞清代章学诚、汪辉祖、阮元对索引研究的贡献，介绍了欧美各国的索引，指出中国与欧美各国索引工作的差距，论述了索引的效用，解说索引工作已逐渐为学术界所重视，明示"中国索引运动，已在萌芽矣。他日成绩，惟视吾人如何努力耳"。这篇文章在学术界引起很大影响。

1929年，中国图书馆协会召开第一次年会，会上通过了万国鼎、李小缘提出的《通知书业于新出版图书统一标页数法及附加索引案》，还专门组织"索引检字组"（约30人），重点研究"完善之汉字排检法"。20世纪20年代末，成立了洪业领导的引得编纂处。1930年4月，商务印书馆出版了钱亚新的《索引和索引法》，介绍了索引的编制方法、步骤、注意事项，论述了索引的种类、功用及索引法与索引的定义。1932年12月，燕京大学引得编纂处出版洪业的《引得说》，重点介绍他们发明的索引法。随后索引著作大量出现，影响较大的有叶圣陶的《十三经索引》（1934年出版）、王重民等人的《清代文集篇目分类索引》（1935年出版）等等，真正意义上的索引书开始被编撰出来。随着各种图书、报纸、期刊的大量增加，索引书迅猛发展，先后出现了著名的《十通索引》、《全国报刊索引》等，为查找有关资料提供了方便。

常用的索引有《全国报刊索引》、《报刊资料索引》、《内部资料索引》、《国外社会科学论文索引》、《中国古代经济史研究资料索引》等。

三、文摘

文摘是简要摘录文献原文的主要论点，按一定方式组织编排成为报道和揭示文献的检索工具。它用少量的文字将文献浓缩加工，以揭示文献的主要观点、论据、数据等，是当代报道学术动态的简洁明快的方法。它有期刊、书籍、卡片等形式。

按摘要方式，文摘可分为如下两类：

（1）指示性文摘。根据文献编写的带有评价性的摘要，主要介绍所讨论问题的范围、主要结论等，概括性较强。

（2）报道性文摘。对原文进行浓缩，客观摘录原文的基本内容，使读者用较少的时间了解原文的精华所在。

文摘可以帮助读者尽快了解科学情报和学术动态，是人们广泛了解社会、进行学习的有力工具，并具有索引的功能。

常用的文摘有《新华文摘》、《经济学文摘》、《国外经济文献摘要》、《英文报刊资料》、《文艺理论资料卡片》等。

第七节　丛书、"文征"书、"辑佚"书

一、丛书

关于丛书的定义，学术界有两种意见，多数学者认为由两种以上的单独著作合并在一起编印且冠以总书名的，即可视为丛书。而少数学者则认为还应该加上一条，即"所属各书的学科内容必须超过两个部类"才行。

"丛书"二字较早出现于唐朝韩愈的《剥啄行》，其中有"门以两版，丛书于间"的词句。这里说的丛书，既不是指某一种具体书名，也不是后人所说的图书分类中的丛书，是指很多的书。使用"丛书"二字与其他字词合在一起为书名的，始见于唐朝陆龟蒙的《笠泽丛书》，但它"是一部考订辩证杂著的书"，不是编印两种以上单独著作的"丛书"。学术界公认宋朝嘉泰二年（1202 年）俞鼎孙、俞经二人编辑的《儒学警悟》（收宋朝人著作 6 种 41 卷）是中国较早的一部"丛书"。

二、"文征"书

"文征"书是章学诚首创的方志"三书"之一。"三书"指的是志、掌故、文征。章学诚认为,方志应立"三书","仿传记之体而作志,仿律令典例之体而作掌故,仿《文选》、《文苑》之体而作文征。三书相辅而行,缺一不可,合而为一,尤不可也"。章学诚所作的《湖北通志》、《常德府志》、《永清府志》、《和州志》、《荆州府志》中均有"文征"专书。

章学诚的这一做法与观点,获得后人的认可、仿效并得以发展。1988 年出版的《什邡县志》(四川)卷尾"文征"类目中除载本地历代重要文献序跋、诗文、游记外,又增加了"现代文选列目"、"新修县志重要文存",前收中华人民共和国成立后本地人民发表的文章作品目录,后列有关本志的主要文件与信函等。历史学家白寿彝在其主编的《史学概论》中说:"文征体史书是利用成品以反映一定的历史时期某些方面的面貌的。"这不仅说明了"文征"体裁的作用、可以汇集的内容,同时意在向人们推荐利用这种文体。

三、"辑佚"书

"辑佚"书是指某种书籍散佚后,从子书、类书、辞书、文集等文献中辑录出该书的残篇遗文汇集而成的书。自各种书籍陆续问世以来,由于世界范围内的战乱不断、天灾人祸连续不断,不少书籍问世不久便遭厄运,有的散佚。为使后人能了解有关书籍的原貌,从中吸取足够的营养,辑佚之书陆续问世了。如清朝严可均的《全上古秦汉三国六朝文》、鲁迅的《古小说钩沉》等。纵观辑佚书，大体可以分为三种类型：一是专门辑佚，使书保持原貌不变，如马国翰的《玉函山房辑佚书》；二是"辑佚之外另加评议"，如邵瑛的《春秋左传校注规过》等；三是辑佚之外另加引申，如陈寿祺的《尚书大传》辑本与《驳五经异义》辑本等。

第三章　工具书的排检方法

第一节　形序排检法

形序排检法是按汉字形体结构的某些共同特点进行排检汉字的方法，包括部首法、笔画法、笔顺法等。

一、部首法

部首法实际上是对汉字偏旁的分类，即将相同偏旁的合体字归为一部，每部统属的字再按部首（即列于该部之首的偏旁）笔画来排检汉字的一种查字法。

部首法起源于东汉许慎编的《说文解字》，该书以小篆字体为准，共列 540 个部首。随着汉字形体的改革与发展，部首几经归并为 214 个，并经《康熙字典》采用后遂得通行，故亦称为"康熙字典部首"。旧版《辞源》、《辞海》及《中华大字典》等辞书，都采用这种方法。

新中国成立后，新编辞书对康熙字典部首又进行了多次改革。《新

华字典》简化为 189 个,《现代汉语词典》减为 188 个。《辞海》（1979
年版）在 214 个部首的基础上进行删并、分立、改立或新增加为 250 个
部首。1982 年,中国文字改革委员会和上海辞书出版社又将其重新调
整为 200 个,并据此编成《汉语大字典》、《汉语大词典》。部首法不仅
用于编排字、词典正文,而且被广泛用来编排字、词典的辅助索引和各
种目录、索引等检索工具,如《现代汉语词典》、《四角号码新词典》
等都分别为正文编有部首索引。

利用部首来查检不辨音义的字词,必须要掌握各辞书的定部原则。
例如《康熙字典》、《说文解字》、《汉语大词典》等的部首即按"以义
定部"的原则,更多地体现了汉字为表意体系文字的特点。如六书中
的象形、指事、会意、形声都是造字之法,从中可辨别本义。如象形之
日、月;指事之上、下;形声之江、河;"信"从人、从言是为会意
等。1979 年版《辞海》则按"字形定部"。同是一个"相"字,以义
归部定"目"部;以字形定部取"木"部。对各辞书的定部原则可通
过其"编辑凡例"或"部首查字法查字说明"等来了解其具体方案。

部首法具有如下优点:

（1）部首法历史悠久、使用广泛;

（2）基本适应汉字的结构特点,多数汉字与部首具有意义上的
联系;

（3）基本符合人们从形查字习惯和要求,便于查检不会读音的
生字。

同时,部首法也具有如下缺点:

（1）部首的位置不固定,有些字难以确定部首;

（2）同笔画的部首字及同部首内的字，排列次序存在二义性。

部首法是我国工具书中传统的排检方法，几千年来长盛不衰，直到今天仍然是汉语工具书中基本的、常用的排检方法之一。

二、笔画法

笔画法也称笔数法，是按汉字笔画数之多少为序来排检汉字的查字法。这种排法的工具书很多，诸如《中国人名大辞典》、《马克思主义辞典》、《室名别号索引》等等。其他一些工具书也编有笔画索引，如《辞海·经济分册》、《中国历代人名辞典》、《经济管理大辞典》以及《辞源》的《难检字表》等。

笔画法的基本形式是：汉字笔画少的居前，多者居后。第一字相同的，依第二字笔画数为序，依此类推。笔画数相同的，再看起笔笔形。笔画和笔形均相同的，再看字形结构，先左右形字，次上下形字，后整体形字。

笔画法原理简单，好学、好记，容易掌握，只要能数清需检字的笔画数，按数的笔画数查即可。但是这种检字法也有一些比较明显的缺点。

首先，要查繁体字，数起笔画来特别费时间，对一些连笔结构的字、简体和繁体字、旧字形与新字形、书写体和印刷体等，难以分清与数清楚。有的学者曾对98名文科大学生进行测试，能准确回答"亞"字是8画的，只有48人，不少答作9画、10画，甚至有的答作11画。对于这个问题，可用增加或减少一两画的办法来解决。

其次，同笔画的字太多，特别是画到 12 画的，查找麻烦。有的人做过统计，常用的 3507 个汉字中，有 164 个 8 画的、163 个 9 画的、191 个 10 画的、191 个 11 画的、192 个 12 画的、149 个 13 画的、117 个 14 画的、136 个 15 画的，47000 多字的《康熙字典》中，12 画的达 3642 个，比常用的总字数还多。

再次，有的字在不同的工具书内规定的笔画数不一样，如"極"在《中华大字典》和《康熙字典》内，均列入"木"字部，而前者编到 11 画内，后者则排进 10 画里，给检索者的笔画把握带来困难。所以有些工具书常把此法与能够克服其缺点的部首法或笔形法等排列法混合使用，如《十三经索引》、《室名别号索引》、《中国人名大辞典》等都将多种方法混合到一起对资料进行编排，于书前或书后附有关检字表，以方便用者。

三、笔顺法

笔顺法是按照汉字的笔形顺序排字的方法。第一笔相同者，以第二笔为序，第二笔相同的，以第三笔为序，以此类推。

汉字的基本笔形有点、横、竖、撇、捺、折（丶一丨丿乀乛），书写起笔只用 5 种笔形（丶一丨丿乛）。有的只用第一笔（起笔）笔形；有的用各笔的顺序排列，而且笔顺也不一致。

笔顺法最早出现于清代的档案中，按"元亨利贞"（一丶丿丨）和"江山千古"（丶丨丿一）几个字的起笔顺序对档案资料目录进行排列。近现代的目录有按"寒来暑往"（丶一丨丿）的起笔顺序排的。《汉语大词典》的《部首总表》及其条目单字的排列则以"一丨丿丶乙"为

序。而《辞海（1979 年版）》的《笔画查字表》却用"—丨丿丶"的起笔笔形为序。

用笔顺法编排的工具书检字时，不熟悉笔顺的，可参阅"汉字母笔排列单字表"与"母笔排列提要表"。

用部首法和笔画法、笔顺法编排的工具书各有优缺点。在使用前除需通读各工具书的有关编排说明外，还应充分利用其为正文所编的各种辅助索引，以弥补单一途径检索上的不足。

第二节　音序排检法

音序排检法是按照字音及表示读音的音符顺序排列汉字的方法。包括汉语拼音字母排检法、注音字母排检法、韵部排检法等。其优点比较精确、简捷，缺点是不知读音就无法查字。

一、汉语拼音字母排检法

汉语拼音字母排检法是依据 1958 年第一届全国人民代表大会第五次会议批准的《汉语拼音方案》产生的。以《汉语拼音方案》的字母表顺序排列字头，同一字母的再逐一类比，定其先后，如《汉语主题词表》；同音字再按声调（阴平、阳平、上声、去声）排列。目前多数中文工具书和索引都采用汉语拼音字母排检法排列正文条目。如《列宁全集索引》、《现代汉语词典》、《新华字典》、《韩非子索引》等。《中国大百科全书》的条目编排还辅以笔画笔形。

汉语拼音排检法的基本形式是：

（1）汉字按汉语拼音字母顺序排列。

（2）第一个字母相同的汉字，依第二个字母的顺序排列；前两个字母均相同的，再依第三个字母排列，余类推。

（3）声母和韵母均相同的汉字，按声调阴平、阳平、上声、去声的顺序排列。

（4）读音完全相同的汉字（即声母、韵母、声调均相同），按起笔笔形（一、｜、丿、丶等）顺序或笔画多少排列。

（5）复音词先按第一个字的音序排列，第一个字相同的，按第二个字的音序排列，第二字也相同的，按第三个字的音序排列，余类推。

1958 年《汉语拼音方案》公布以后，按汉语拼音排检工具书成为一种最主要的方法。1982 年国际标准化组织承认汉语拼音为拼写汉字的国际标准，汉语拼音开始走向世界。

汉语拼音法的优点是排检方法简单，查找方便。但由于它是以汉字的读音作为排序依据，如果遇上不知道读音的字，便难以查找了，这是它的局限。

二、注音字母排检法

此法是 1913 年读音统一后以过去流行的一套北京语音为标准的字母制定、1918 年北洋政府颁布实施的。1920 年对字母顺序进行了调整，并增加了字母，共有声母 24 个、韵母 16 个。

中华人民共和国成立前后，不少的工具书都使用这种方法编排，如《国语辞典》（1937 年版）、《新华字典》（1956 年、1959 年版）等。拼音规则大体与汉语拼音字母相同。以注音字母排列的工具书为先声母、后韵母，同音字再依四声为序排列，如《同音字典》（1957年版）、《汉语词典》（1962年版）等。此法在汉语拼音方案出台之前一直比较流行。现在的汉字注音仍用其注音字母。

三、韵部排检法

韵部排检法也称"声韵法"，是我国古代按音韵排列汉字的一种方法。按韵部编排的字典称为"韵书"，音韵的编排是依据各种韵书而定的。

古代韵书中把同韵的汉字归并集中在一起，称为一个韵部，每个韵部都用一个汉字来代表，这个代表字便称为韵目。韵目排检法的基本形式是：先将汉字按平、上、去、入四声分类，每一声类内的汉字按韵目顺序排列，同一韵目的汉字再依小韵排列。

我国在不同的历史时期有不同的韵部。隋代的《切韵》分193韵，唐代的《唐韵》、北宋的《广韵》与《集韵》都为206韵，南宋的《礼部韵略》合为107韵，金元时期进一步并为106韵，明初的《洪式正韵》又合成76韵等。它用汉字标音，以汉字韵母分部类，各部挑一有代表性的字做"韵目"，故又称韵目排检法。该法韵部的划分依据主要是《广韵》的206个韵部、《诗韵》（又名"水平韵"）的106个韵部，后者使用得较多，是古代工具书的一种主要排检方法。

106韵分上平声15韵（1东、2冬、3江等）、下平声15韵（1先、2肖、3肴等）、上声29韵（1董、2肿、3讲等）、去声30韵（1送、2宋……29艳、30陷）、入声17韵（1屋……16叶、17洽）。

使用 106 韵的工具书有《佩文韵府》、《辞通》、《经籍纂诂》、《两汉书姓名韵》、《两汉不列传人名韵》等；用 76 韵的有《永乐大典》等。必须说明的是，使用该法的工具书所收的词条，排列方法各不相同，有些是依首字分韵排列，如《九史同姓名略》、汪辉祖的《史姓韵编》等，有些是以尾字分韵排列，如《历代地理志韵编今释》、《佩文韵府》、清朝末年李桓的大型传记资料集《国朝耆献类征初编》（附《通检》10 卷）等。

利用韵部编排的工具书来查字词，可通过新印本所附的索引先查出该字的韵后，再按韵部去查。如新印本《佩文韵府》和《辞通》都编有首字四角号码和笔画索引。亦可先利用有关的字典查出该字的韵后，间接来查。

第三节　号码排检法

号码法是形体法的一种变形。它把汉字分解为各种笔形，并用阿拉伯数字作为代码，然后将其连成一组数字，再依数字大小为序排列汉字。这种方法的优点是号码位置固定，检索快；缺点是笔形取号不易掌握。号码法有多种，其中使用最为广泛的有四角号码法，其他诸如中国字庋撷法、三角号码法等则使用甚少。

一、四角号码法

四角号码法是根据方块汉字的特点而发明的一种查字法。分别以不

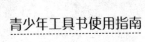

同代码代表汉字四个角的笔形并联成为四位数的号码，再依号码大小为序排列汉字即成为四角号码查字法。四角号码查字法，具有不论部首、不数笔画，不知读音也能见字知码和按号查字的特点。但其取号规则烦琐，笔形辨认不准，取号也颇费周折。

四角号码最初是在 20 世纪 20 年代由商务印书馆的王云五提出的，《东方杂志》于 1925 年 6 月的第 22 卷 12 号发表王云五以个人名义撰写的《号码检字法》，1926 年 2 月又在第 23 卷 3 号上发表他的修改文《四角号码检字法》，自此，这一名称正式确立。

四角号码法把汉字笔形分为 10 种，分别用 0 到 9 作为代码。0 代表"亠"，1 代表"一"及其变形，2 代表"丨"及其变形，3 代表"丶"、"乀"，4 代表"十"及其变形，5 代表"≠"及其变形，6 代表"口"，7 代表"ㄱ"及其变形，8 代表"八"及其变形，9 代表"小"及其变形。1926、1930 年，胡适两次为《四角号码检字法》编歌诀，人们在运用过程中不断修改，逐步形成一首《笔画号码对照歌》：

横 1 竖 23 点捺，叉 4 插 5 方框 6；

7 角 8 八 9 是小，点下有横变 0 头。

取号时，依汉字的左上角、右上角；左下角、右下角的顺序分别取其笔形代码并连成一组，即为该字的四角号码。为便于排列，对号码相同的字还要取第五角作为"附角"号码写于末位数的下方以示区别。如"渍"，左上"丶"笔为 3，右上"≠"笔为 5，左下"丿"笔为 1，右下"八"笔为 8，四个角合起来是 3518。为区分同号码的字，再取最后一角的上笔为附号，用小字附在四个号码的后边。"八"的上笔是"丨"，为 2，故"渍"的全号是 35182。

中华人民共和国成立后，有人对四角号码检字法又进行了修改，修改后名为"四角号码查字法"，亦称为"新四角号码法"，并被广泛采用，如新版《四角号码新词典》、《新华字典》、《现代汉语词典》等。因此，四角号码排检法有新旧两种之称。

"旧的四角号码"具体的取号规则：一是字的上部或下部，仅有一笔或复一笔时，不论该笔在何方位，均做左角，右角为0。如"宣"，左上角为3，右上角为0；"母"，左下角为5，右下角为0。每笔用后，再用时，代号都为0。如："把"5701，左上角为5，左下角就为0；"斗"3400，右上角为4，两下角则为0。二是由"口朗行"笔形组成的字。三是四角改取内部的笔形，如"鞠"为7743，"街"为2110；若是这几种笔形的上下左右还有其他笔形时，代号就不需按这条规则，如"菌"为4460，"润"为3712等。取角规则：独立或平行的笔形，不论高低，都取最左或最右的笔形做角，如"非"四角为1111。最左或最右的笔形，还有其他笔形盖在上面或托在下面时，取盖在上面的一笔做上角，托在下面的一笔做下角，如"字"左上角为3，右上角为0；"春"左下角为6，右下角为0。有两个复笔可用时，在上角的取较高的复笔，下角的取较低的复笔，如"盛"左上角为5，"奄"左下角为7。撇下有其他笔形索托时，取其他笔形做下角，如"碎"左下角为6。同号字，取离右下角最近且最突出的一笔做附角，以便区分，如"刘"附角为0，"王"附角为4。

"新四角号码"法对旧法进行了修改，结果是：一笔上下两段与他笔形成两种笔形的，分两个角取号。如"大"旧为4003，新为4080；"水"旧为1223，新为1290。外围为"行"一类字的，下部里面的笔

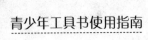

画不再确定为角，均按外围取号，如"行街衙衡"的新号都为2122。下角笔形偏向一角的，以实际方位代号，缺角者，做0记，如"气"旧为8010，新为8001。左边起笔的撇，以撇笔形做角，如"辟"旧为7064，新为7024。附角取消"笔形突出"的条件，都以右下角之上的第一个笔形代号码，如"工"旧附角号为0，新附角号为2等。

四角号码法全用笔形代号排列，检索使用方便，一直都在流行。很多不是用四角号码编排的工具书中也都附有四角号码索引，如《太平御览》、《中国丛书综录》、《四库全书总目》等。不过，此法的汉字笔形分得较多，要给笔形代号，取角与代码的规则繁杂，不努力学习则很难掌握。

二、中国字庋撷法

中国字庋撷法，为燕京大学引得编纂处于20世纪30年代为编制我国古籍索引时所采用的排检法。"庋撷"（guǐ xié）二字意为放入取出。该法以"中国字庋撷"代表汉字的五种形体结构，并用Ⅰ～Ⅴ为代码；再拆"庋撷"二字的笔形分为10种，用0～9作为代码。其取号原理与四角号码法相似，但代码有别。如把"庋"字的笔画笔形分拆为"、、一、丿、十、又"5种笔形，分别用"0、1、2、3、4"作为代码；把"撷"字的笔画笔形分拆为"扌、纟、厂、目、八"5种笔形，分别用"5、6、7、8、9"作为代码。并根据该字的形体结构来定其取号先后次序。如"中"字体依次为左上、右下、左下、右下；"国"字体先为外部左上、右上，后为里面左上、右下；"字"字体先为上半部左上、右下，后为下半部左上、右下；"庋"字体先为左斜边的右上、左下，后为右下部的左上、右下；"撷"字体先为左半部的左上、右下；后为右半部的左上、右下。取得号码后，再算该字有几个方格，然后把方格数加在号码之后，无方格的加0，超过9个方格的仍为9。取号顺序及其号码组成为如下格式：依字体取得的号码/四角笔形号码、方格数的顺序。如"回"、"田"、"夕"三个字的号码分别为"Ⅱ/88881"、"Ⅱ/888304"、"Ⅰ/28220"。

这种排检法十分烦琐，不便推广使用。自从燕京大学引得编纂处以此法编成60多种古籍索引后，为解决使用上的困难，近年部分影印出版这些引得时，都增加了四角号码检字和汉语拼音检字。亦可先利用笔画查出各自的庋撷号码后，再查索引正文。

三、起笔笔形代码法

这是起笔笔形法的号码化。该法将汉字的起笔笔形分成五种，分别用1、2、3、4、5作为每个字起笔横或竖、点、撇、角的简便代号予以排列，检索时把书名内的各个字起笔代号相连接，依连接号查找，即可查到。起笔的原则是先上后下、先左后右、先外后内，水、小、幽等少数特殊字是先中间后左右。给号的原则为：若是书名仅有一个字，则给一个代号，有两个就给两个号，余类推到五号，超出五个字的，只给前五个字代号；书名中有外文或阿拉伯数字，均用为代号；书名中有括号的跳过不计。因此，该种方法易学。如《全国总书目》（1959年）里《大雷雨》的索引号为111，《射线》的索引号为045，邓拓著的《论中国历史的几个问题》的索引号是32212，《缩印百衲本二十四史》的索引号是54151等，一看便会。其缺点是与笔顺排列法相同。

第四节　分类排检法

分类排检法，是将词目、条目或文献按知识内容、学科属性分门别类地加以归并集中，按逻辑原则排列顺序的一种排检方法。

其基本的形式是：按知识系统、学科体系层层分类，每一类目下集中同类子目或文献；按类目、子目或文献的内在联系排列顺序。分类编排通常选用一种科学的、合用的图书分类表为根据，这才有可能保证文献分类的准确和检索的方便。

分类排检法是古今中外检索工具书和参考工具书主要编排方法之一。如书目、索引、类书、政书、年鉴、手册等，既有按一定的分类体系单独编排的，也有与时序、地序排检法配合使用的。

一、学科排检法

学科排检法是指按学科性质将文献信息分门别类进行编排的方法。索引、书目、百科全书等多用此法编排。

使用学科分类法编排的文献很多，如《全国总书目》先后用的中国人民大学图书馆分类法分成 17 类和中小型图书馆分类法分成 20 类，《全国报刊索引》先后按山东省图书馆图书分类法分成 9 类，改用中国人民大学图书馆图书分类法分成 17 类，用自己编的《报刊资料分类检表》则以具体的资料确定，专门学科的书刊索引——《我国十年来文学艺术书籍选目》、《中国语言论文索引》用本学科系统分类法分类编排，等等。

学科排检法在古代的文献里，又产生了四、五、七、九分法等。其中以四分法使用最多，影响也最大。《四库全书总目》、《中国丛书综录》等，采用的就是四分法。近现代的科学分类法更多，如《中国图书馆图书分类法》、《中国科学院图书馆图书分类法》等。

二、按事物性质分类排检法

古代字书《尔雅》开了按事物性质分类编排的先河。后来成为古代类书、政书的主要编纂体例；现代出版的一些手册、年鉴等也有采用这种方法进行编排的。

古代类书、政书的列类是传统认知结构的产物。它以儒家文化为核心，沿用了《尔雅》所建立的"天、地、人、事、物"分类体系。对其所辑录的事、文编排次序，先列天地帝王，次为典章制度，后及其他事物的编序方法，无不反映了敬天尊君的观念。

《艺文类聚》使用的就是这种方法。该法是按照事物的性质将有关资料进行分门别类予以编排的。古代的类书、政书与近现代的指南、手册、年鉴等工具书多用此种方法。如政书《通典》分成 9 类、《文献通考》分 24 类，清代类书《古今图书集成》分 6 编、32 典、6109 部，宋代类书《太平御览》分成 55 部。另外事物与科学性兼有的，依词义、事物属性进行排列的文献也不少，如《尔雅》则是依词义属性分为释诂、释言、释训、释亲、释宫、释器、释乐、释天、释地、释丘、释山、释水、释草、释木、释虫、释鱼、释鸟、释兽、释畜等 19 类，从事物的属性上看是依词语、方言、人事、器物、天文、地理、植物、动物为序分排的;《骈文类编》(具有词典性质) 依事物属性分 13 类, 每一类下分若干小类目, 累计 1604 目, 各目之下再排列收入骈字, 较为烦琐, 科学性不强。近现代按事物性质所立类目也各不相同, 如《世界知识年鉴》(1982) 分成 5 类, 类下再分若干小类;《中国出版年鉴》(1981) 分成 12 类;《家庭日用大全》分成 22 类, 等等。

由于人们认知事物的局限性, 同类事物往往被分散于各类, 而且类目概念模糊混乱。如《古今图书集成》的"经济汇编"、"方舆汇编"、"博物汇编"均摘有古代经济史料。不仅类目概念与当代的认识存在极大的差别, 而且同一性质的事物或文献也不能集中归类, 都给检索造成诸多不便。这是需要注意的。

三、四部分类法

四部分类法是我国古代书目分类体系之一。它把古代图书分为经、史、子、集四大部类, 每一大部类下再分为若干类、类下再分目。如四部书目分类体系的集大成者《四库全书总目提要》即在四部之下分为 44 类。当代所编的《中国丛书综录》第二册《子目分类目录》亦按经、史、子、集四部编排。《中国古籍善本书目》则分为经、史、子、集、丛书 5 部 48 类。

分类排检法体现了知识的学科属性和逻辑次序, 它便于按类别查考某种知识或文献, 而且能较全面地得到同类相关资料。但同时, 由于其分类方法、类目设置、子目归并往往因书而异, 极不固定, 故查考时需先熟悉分类情况。

第五节　时序法、地序法、主题法

一、时序法

这是一种是以事物发生发展的时间为序、对条目及内容进行编排的一种方法。年表、历表、大事记以及记载人物生平事迹的年谱等工具书，都采用这种编排方法。如《中国历史纪年表》、《中华人民共和国经济大事记（1949 年 10 月—1984 年 9 月)》以及《中国财政金融年表》等，均严格以时间先后为序编排资料。只需按年索事，一查便得。个人生卒年表、年谱及其著述目录，或采用顺时序法或采用逆时序法进行编排。

使用以时间顺序编排的工具书，便于按时间顺序查考历史事件、换算历史时间、检索有关资料，理清事物发展的脉络，从中可查考某些带有规律性的知识记录。但利用按时序法编排的工具书如"生卒年表"或"年谱"来查考人物资料时，需要辅以人名索引才能使用。例如利用《历代人物年里碑传综表》，即先查人名字顺索引，后查所需的人物事迹。

二、地序法

地序法是依地区行政或自然区划为序编排文献的方法。主要用于编制地图集、地方资料等工具书，各类图书中凡涉及世界各国和国内各地区的，一般也都采用地序法。如《中国历史地图集》、《中国地方志综

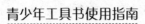

录》、《世界分国地图》、《中华人民共和国分省地图集》、《中国地方志联合目》（依现代行政区划排列1949年以前的8200多种地方志书目）、《历代地理沿革表》（依古代地方行政区划为序排列的）、《中国边疆图籍录》和《欧洲金融年鉴》以及《中图法》等分类法中的《地区复分表》均按地序法编排有关资料。这些工具书多数附有地名索引，以便在不知地名所属地域时，按地名查找。此外，还有一些采用其他方法编排的工具书，如《历代职官表》（清纪昀等编，上海古籍出版社1989年影印本），其所列的76个表即以清代官制为纲，逐级排列各政权机构的职官。所附官名索引，是按官名查检的工具书。

为了检索方便，此法有时也与笔顺法混合使用或配以相应的辅助索引，如《中国名胜词典》则是用地序排检法与笔画顺序排检法混合编排的，《中国历史地图集》的各分册之后就有四角号码"地名索引"、"笔画索引与四角号码对照表"等。用地序法编排的工具书，按地区查找地理与方志资料，尤其对地区所属情况熟悉时容易查找。

三、主题法

主题法是以规范化的自然语言为标识符号，来标引文献中心内容的一种排检方法。作为标识符号的"规范化自然语言"，即主题词，是一种概括了文献的中心内容，又用来标引和检索文献的标准词汇。目前，国外的检索工具书大多附有主题索引或直接采用主题排检法。在国内，主要用于科技文献的检索。《中文杂志索引》（岭南大学图书馆编）和马克思、恩格斯、列宁、斯大林、毛泽东的著作索引等都是用主题法编排的。

主题排检法的一般形式是：主题词揭示文献记述的中心内容或对象，主题词本身则按首字读音或笔画等顺序排列。

主题排检法能将不同学科领域中的同一主题的资料集中到一起，按内容的主题查找有关资料较为方便，不仅能检索到所要的资料，还能看到同一主题的相关资料。1980 年出版的综合性大型《汉语主题词表》，3 卷，10 个分册，收各学科主题词 108568 条，是组织主题目录的重要参考工具书。它由北京图书馆、中国科学情报研究所等 505 个单位、1378 名高中级教学科研图书情报人员编制而成，是为汉字信息处理的配套项目编制的，另有 1048 个单位的 7519 人参与了部分编审工作，书的质量较高。近期的索引与计算机网络上的有关文献使用主题法编排的较多。

但是，主题法不借助其他方法便不能成为资料编排方法，因为它仅能将同一主题的资料集中到一起，再由笔画法或四角号码法、分类法、汉语拼音字母排列法或其他方法帮忙组织才能编排。如《十通索引·主题索引》的主题是以四角号码法排列的，《列宁全集索引》的主题是以汉语拼音字母排列的，《马克思恩格斯全集主题索引》的主题是以笔画法排列的，等等。同时，在查考文献资料时，需要正确地选取主题词，否则，难以准确地查到；主题词的选取严格地说，应以标准的主题词表为依据，然而事实上，现有的按主题编排的工具书并非全都如此，许多工具书中主题词的选取，随意性较强，这又增加了查找的困难。

第六节　其他排检法

一、快速检字法

快速检字法是问世较晚的一种编排方法。它把汉字的笔形划分成 6 种，每种给一个互补重复的代号。如"竖"笔形"｜"的代号为 1，"横"笔形"一"的代号为 2，"点" 3，"撇" 4，"捺" 5，"折" 6；同时每种还包括相似的笔形，代号也相同。取号的方法是：笔画多的字，取号不能超过 6 位数；字在 9 笔画之内的，号自第一笔画取起，如"厂"为 24；字在 10 笔画以上的，如"翻"为 431621；同号字的编码，用符号予以区别，符号的规定是字的首笔与末笔号码连在一起，外加括号置于正号之后，如"副"为 621216（26）。此法好学，容易掌握，检索速度快；不足之处是 9 和 10 画的字取号方法不同，稍有不慎，就会全部取错。使用该法的工具书有《快速检字法中文字典》等。

二、任意字排检法

它是将所辑录的全部词语中的互不重复的字，均分立条目，进行释义。每个字的条目下，标注由此字所组成的全部词语。用这种方法编排工具书较难，费时费力。如 2001 年河南大学出版社出版的《中华语汇通检》，作者刘占峰等人从 1985 年就开始辑编，历经 10 多年才完成，十分辛苦。但是，按此法编排的工具书，对使用者有利，检索较方便。若你只记得某一句词语中的一个字，就能在用此法编的有关词典里，检索到由该字组成的所有词语。在这一点上，是那些用每一条词语的第一个字来建立条目而形成的工具书所无法比拟的。它解决了人们有时记不清某一句诗文、名言或佳句之中的第一个字而难以找到该诗文、名言或佳句的问题。

三、汉字编码法

汉字编码法是供计算机信息处理用的方法。其中五笔字型即由查字法发展而来的一种汉字输入法。它根据汉字的字形结构，从中选定130个部首作为字根，加以分类、编码，并将其排在25个英文键位上。通过字根的组合，可以打出汉字或词组，从而达到见字知码、操作方便、快速输入的目的。五笔字型输入技术已在国内外得到广泛的推广和使用。

四、职序排检法

职序排检法是依不同级别的行政建制编排的一种方法。使用这种方法的有《历代官职表》、《历代官制、兵制、科举制表释》等。

五、谱系排检法

谱系排检法是依血缘关系次第编排的一种方法。使用此法的有族谱与世系表等。

第四章　工具书的查找和使用

第一节　马列主义经典著作的查找

一、查找马克思列宁主义经典著作的篇名和版本

在学习、研究和宣传马克思列宁主义、毛泽东思想的过程中，经常会碰到有关查找马列主义经典著作的问题。如：马列主义经典作家的某一篇著作收在全集或选集的哪一卷？革命导师的某一段语录是摘自全集或选集哪一卷哪一页？需要弄清马、恩、列、斯某一著作的各种语文译本以及最早的中译本情况等。为了及时准确地解答这些问题，并提供经典著作的最新版本，首先要很好地了解和掌握马列主义经典著作的发表、编辑和出版情况，这是我们解决学习、研究和宣传马列主义经典著作有关问题的重要条件。查找这方面的资料，主要可以利用以下工具书：

（1）利用全集目录。主要有：《马克思恩格斯全集篇名字顺索引》、《马克思恩格斯、马克思恩格斯选集、列宁选集篇名索引》、《斯大林全

集篇名字顺索引》、《毛泽东选集篇名索引》等。

（2）利用生平和著作年表。主要有《马克思恩格斯生平事业年表》、《列宁生平事业年表》、《列宁年谱》、《斯大林年表》、《中国出版史料补编》中的《马克思恩格斯著作中译本年表》、《列宁著作中译本年表》、《斯大林著作中译本年表》等。

（3）利用专题目录索引。主要有《马克思恩格斯列宁斯大林中译本简目》、《马列著作中译本书目提要》、《马克思恩格斯著作中译本综录》、《毛泽东著作、言论、文电目录》（1917—1960）、《报刊所载毛泽东言论、著作、文电编目》（1949—1961）《毛泽东著作索引》（1917—1959）。

（4）利用综合性目录索引。主要有《全国总书目》、《全国新书目》、《全国报刊索引》等。

二、查革命导师语录和专题论述

（1）利用文句索引。主要有《毛主席语录索引》。

（2）利用主题索引。主要有《马克思恩格斯全集主题索引》、《马恩全集专题分类索引》、《列宁全集索引》、《斯大林著作专题索引》、《毛泽东选集（一至四卷）索引》、《资本论索引》等。

（3）利用专题资料汇编。主要有《马克思恩格斯列宁斯大林论无产阶级专政》、《马克思恩格斯列宁斯大林论无产阶级政党》、《马克思主义经典作家论历史科学》、《马克思恩格斯论艺术》、《马克思恩格斯论中国》、《列宁论文学与艺术》、《列宁论图书馆》、《斯大林论文学与艺术》、《毛泽东同志论我国对外政策》、《毛泽东论文学和艺术》等。

三、查找马列主义经典著作时代背景及书中典故资料

（1）利用全集、选集注释及人名索引。主要有《马克思恩格斯全集》、《马克思恩格斯选集》、《列宁全集》、《斯大林全集》、《毛泽东选集》、《马克思恩格斯全集人名索引》（1—39 卷）《列宁全集俄文第五版人名索引》（1—55 卷）等。

（2）利用注释选编。主要有《马克思恩格斯全集注释选编》、《列宁全集注释选编》、《毛泽东选集注释索引》、《资本论注释》等。

（3）利用专门性的成语典故词典等。主要有《马克思恩格斯选集中的希腊罗马神话典故》、《资本论典故注释》、《列宁著作中的成语典故》、《毛泽东选集成语典故注释》、《毛泽东选集（一至四卷）成语索引》等。

（4）利用一般的工具书。主要有《辞海》、《简明社会科学词典》、《哲学词典》、《政治经济学词典》、《中国大百科全书》等。

四、查革命导师生平事迹

（1）利用生平事业年表等。主要有《马克思恩格斯生平事业年表》、《马克思传》、《列宁生平事业年表》、《列宁年谱》、《毛泽东照片选集》以及《马克思恩格斯全集》、《列宁全集》、《斯大林全集》所附"生平事业年表"等。

（2）利用一般工具书。主要有《辞海》、《哲学辞典》、《中国大百科全书》等。

第二节　字和词的查找

一、字的查找

1. 查常用字

一般利用《新华字典》、《同音字典》、《学习字典》、《汉语常用字典》、《汉字正字小字汇》、《汉语拼音检字》以及《四角号码新字典》、《辞海》、《现代汉语词典》、《辞源》等字典、词典。

如果碰到查找俗字和简繁字对照，可利用《宋元以来俗字谱》、《简化字总表检字》、《简繁对照常用字手册》以及《现代汉语词典》等字典、词典和有关手册。

2. 查生僻字

可利用《辞海》、《辞源》、《现代汉语词典》、《实用大字典》、《康熙字典》、《中华大字典》、《中文大辞典》以及《古汉语常用字字典》、《新华字典》等。

3. 查各种形体字

可利用《甲骨文编》、《金文编》、《篆字汇》、《石刻篆文编》、《金石大字典》、《真草隶篆四体大字典》、《中国书法大字典》以及《说文解字》、《康熙字典》、《中文大辞典》等。

4. 查古音韵

可利用《中华大字典》、《辞源》、《辞海》（旧版）、《广韵》、《集韵》、《古今字音对照手册》、《上古音手册》以及《中原音韵》、《中州全韵》等。

二、词的查找

1. 查现代词语

可利用《现代汉语词典》、《现代汉语小词典》、《新华词典》、《四角号码新词典》、《汉语词典》、《辞海》、《辞源》（旧版）、《中文大辞典》、《世界知识词典》等。

2. 查一般古代词语

可利用《说文解字》、《说文通训定声》、《尔雅》、《释名》、《广雅》、《古代汉语常用词》、《古汉语常用字字典》、《康熙字典》、《辞海》、《辞源》、《中文大辞典》以及《佩文韵府》等。

3. 查文言虚词

可利用《词铨》、《古书虚字集释》、《文言虚字》、《文言虚词》、《古汉语虚词》、《古汉语虚词手册》以及《古汉语常用字字典》、《辞源》、《辞海》等。

4. 查联绵词

可利用《辞通》、《联绵字典》、《辞海》、《辞源》、《中文大辞典》以及《佩文韵府》、《骈字类编》等。

5. 查成语典故

可利用《汉语成语词典》、《成语词典》、《汉语常用成语手册》、《现代汉语成语词典》、《古书典故词典》、《常用成语典故选释》、《辞海》、《辞源》、《通俗编》、《艺文类聚》、《初学记》、《太平御览》等。

6. 查方言俗语

可利用《方言》、《续方言》、《新方言》、《汉语方言词汇》、《方言调查词汇手册》、《北方土语词典》、《中国地方志所录方言汇编》、《俗语五千条》、《方言词例释》、《敦煌变文字义通释》、《中国谚语资料》、《古谣谚》、《中华谚海》、《中外谚语选》、《歇后语》等。

7. 查学科名词

可利用《辞海》、《新知识辞典》、《世界知识辞典》、《简明知识辞典》、《中文大字典》、《哲学辞典》、《政治经济学辞典》、《法学词典》、《国际时事辞典》、《语言学名词解释》、《中国戏曲曲艺辞典》、《新闻学小词典》、《体育词典》、《中国历史大辞典》、《应用化学词典》、《简明生物学词典》、《现代科学技术词典》、《图书馆学辞典》、《宗教词典》、《佛学大辞典》、《地理学词典》、《外国地名语源词典》、《中国名胜词典》以及《中国大百科全书》、《中国企业管理百科全书》、《中国百科年鉴》等。

第三节　查找诗词文句

一、查诗词出处

（1）利用类书。主要有《佩文韵府》、《骈字类编》、《艺术类聚》、《初学记》、《文苑英华》、《古今图书集成》、《渊鉴类函》等。

（2）利用索引。主要有《十三经索引》、《唐宋名诗索引》、《汉诗大观索引》、《李白歌诗索引》、《杜诗引得》等。

（3）利用词典。主要有《辞源》、《辞海》、《中文大辞典》、《诗词曲语辞汇释》、《古代诗词曲名句选》、《古书典故辞典》、《唐诗鉴赏辞典》、《汉语成语辞典》、《辞通》等。

（4）利用诗词总集。主要有《诗经》、《楚辞》、《玉台新咏》、《乐府诗集》、《全唐诗》、《全五代诗》、《宋诗钞》、《全金诗》、《元诗选》、《明诗综》、《清诗别载集》、《花间集》以及《全宋词》、《词综》、《历代诗余》、《全清词钞》等。

二、查文句出处

（1）利用类书、政书。主要有《佩文韵府》、《骈字类编》、《北堂书钞》、《艺文类聚》、《初学记》、《太平御览》、《文苑英华》、《古今图书集成》、《通典》、《文献通考》等。

（2）利用索引。主要有《十三经索引》、《文选索引》、《荀子引得》、《庄子引得》、《墨子引得》、《世说新语引得》、《吕氏春秋通检》、

《资治通鉴索引》、《中国小说戏曲词汇研究辞典综合索引篇》、《中国古典戏曲语释索引》、《元曲常用语汇索引》、《红楼梦语汇索引》、《中国随笔索引》、《宋代文集索引》等。

（3）利用词典。主要有《辞海》、《辞源》、《中文大字典》、《汉语成语词典》、《古书典故辞典》、《辞通》等。

（4）利用文学总集。主要有《文选》、《全上古三代秦汉三国六朝文》、《骈体文钞》、《文苑英华》、《全唐文》、《宋文鉴》、《辽文汇》、《元文类》、《明文海》、《清文汇》以及《全元散曲》、《历代赋汇》等。

三、查佚文

（1）利用类书、政书。主要有《北堂书钞》、《艺文类聚》、《太平御览》、《册府元龟》、《文苑英华》、《太平广记》、《永乐大典》、《古今图书集成》以及《通典》、《文献通考》等。

（2）利用丛书（辑佚丛书）。主要有《玉函山房辑佚书》、《全上古三代秦汉三国六朝文》、《汉魏六朝百三名家集》、《历代文纪》、《汉学堂丛书》、《古佚丛书》、《墨海金壶》、《经典集林》、《鸣沙石室佚书》、《古小说钩沉》等。

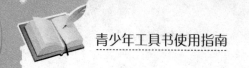

第四节　查找年、月、日和年谱

一、查找年、月、日

1. 查年、月、日别名

（1）利用词典。主要有《辞海》、《辞源》、《中文大辞典》、《大汉和辞典》、《尔雅》等。

（2）利用类书。主要有《月令广义》、《岁时广记》、《古今图书集成》等。

（3）利用附表。主要有某些工具书和工具书论著所附的《太岁记年表》、《十二生肖纪年表》、《月季异称表》、《月份别称表》、《韵目代日表》、《日名表》等。

2. 查年号和年代

（1）利用纪元年表、历表。主要有《中国历史纪年》、《中国历史纪年表》、《中国历史年代简表》、《中国、日本、朝鲜、越南四国历代对照表》、《公元干支推算表》、《中西回史日历》、《二十史朔闰表》、《天历考及天历与阴阳历日对照表》、《黄帝纪元表》等。

（2）利用词典。主要有《辞海》、《辞源》、《中文大辞典》等。

（3）换算年、月、日。可利用《中西回史日历》、《二十史朔闰表》、《两千年中西历对照表》、《近世中西史日对照表》、《回历纲要》、

《三正综览》、《春秋朔闰表》、《殷历谱》等。

二、查找年谱

年谱是按年月记载人物生平事迹的一种专书。被谱述的人物称为"谱主"。年谱往往为查考历史人物的生平事迹和生卒年月，提供重要的参考资料。

1. 利用年谱总录

查找年谱首先要注意使用年谱总录，弄清某人是否有年谱，有几种年谱。20 世纪 40 年代出现的《中国历代名人年谱》，收录年谱 1108 部，是出版较早、著录比较完备的一部年谱总录。新中国成立后新编的《中国历代人物年谱集目》收录年谱 2000 余种，按谱主卒年先后排列，生年相同者按卒年为序；生年不详仅据其卒年。书后附主索引。

2. 利用个人年谱

从年谱总录查出某人有何年谱以后，就可以通过它查考人物的生平事迹。新出版的年谱如：《唐宋词人年谱（修订本）》、《疑年录》、《续疑年录》、《疑年录汇编》、《历代名人生卒年表》、《释氏疑年录》（查找我国历史上僧人生卒年的工具书）。

第五节　查找历史人物和事件

一、查找历史人物

1. 查找人名

可用人名方面的辞书，如《中国人名大辞典》、《中外人名大词典》、《古今人物别名索引》、《中国语文学家辞典》、《古今同姓名大词典》、《社会科学人物辞典》、《世界著名文学家辞典》、《中国美术家大辞典》、《中国文学家大辞典》、《当代国际人物词典》、《二十四史人名索引》、《中国画家人名大辞典》、《中国音乐舞蹈戏曲人名辞典》、《外国哲学社会科学人名录》等。

2. 查人物生平简历

（1）利用词典。主要有《辞海》、《辞源》、《中文大辞典》、《中国人名大辞典》、《古今同姓名大辞典》、《当代中国名人录》、《中国文化界人物总鉴》、《现代中国人名大事典》、《中国文学家大辞典》、《中国科学家人名辞典》、《中国艺术家人名辞典》、《中国音乐舞蹈戏曲人名辞典》以及《哲学辞典》、《中国历史大辞典》、《图书馆学辞典》等。

（2）利用百科全书、年鉴。主要有《中国大百科全书》、《中国医学百科全书》、《中国百科年鉴》等。

3．查别名、别号

（1）利用索引。主要有《室名别名索引》、《古今人物别名索引》、《中国历代书画篆刻家字号索引》、《唐人行第录》、《中国现代人物别名索引》、《现代中国作家笔名录》、《作家笔名索引》、《辛亥革命时期主要报刊作者笔名录》、《鲁迅笔名索解》等。

（2）利用表谱。主要有《中国人名大辞典·异名表》、《历代帝王庙谥年讳谱》、《清谥法考》、《史讳举例》、《中国历史纪年》、《中国历史纪年表》等。

4．查人物传记

（1）因人查考"正史"、政书、年谱、族谱。可利用《二十四史纪传记人名索引》、《二十五史人名索引》、《史纪人名索引》、《中国历代年谱总录》、《通志》、《续通志》、《中国历代名人年谱》、《清史稿》、《近三百年人物年谱知见录》、《历代人物里碑传综表、备注》等。

（2）因类查考类书、专科传记。主要有《古今图书集成》、《册府元龟》、《太平御览》、《艺文类聚》、《永乐大典》、《唐才人传》、《唐诗纪事》、《宋诗纪事》、《辽诗纪事》、《金诗纪事》、《元诗纪事》、《明诗纪事》、《清诗纪事初编》、《词林纪事》、《元曲家考略》、《中国古代科技名人传》、《古典文学研究资料汇编》、《中国近代作家传记暨著述要目》、《中国现代作家小传》、《中国现代社会科学家传略》、《戊戌变法人物传稿》、《革命人物志》、《中共党史人物介绍》、《中国当代科学家传》、《中外科学家小传》等。

（3）由时查考一代综合传记。可利用《唐五代人物传记资料综合索引》、《四十七种宋代传记综合引得》、《宋人传记索引》、《辽金元传记三十种综合引得》、《八十九种明代传记综合引得》、《三十三种清代传记综合引得》以及《民国人物传（中华民国史资料丛稿)》、《五四时期的历史人物》等。

（4）由地查考方志传记、地方传记。可利用《宋元方志传记索引》、《中国地方志综录》以及《皖志列传稿》、《桐城者旧传》、《皇明昆山人物传》等。

（5）补充卷考文集、笔记、传记及碑传文等。主要利用《元人文集篇目分类索引》、《清代文集篇目分类索引》、《中国随笔索引》、《中国随笔杂著索引》、《清代碑传文通检》、《石刻题跋索引》等。

5. 查外国人物

（1）查译名。可利用《英语姓名译名手册》、《俄汉译名手册》、《日本姓氏手册》、《日本姓名译名手册》、《日本姓名辞典》、《德语姓名译名手册》、《法语姓名译名手册》、《西班牙姓名译名手册》、《外国人名译名对照表》等。

（2）查生平事迹。可利用《辞海》、《苏联百科辞典》、《世界人名大辞典》、《中外人名大辞典》、《现代外国人名大辞典》、《当代国际人物词典》、《中国大百科全书》、《近代现代外国哲学社会科学人名资料汇编》、《世界著名科学家简介》等。

二、查找历史事件

1. 查历史事件简况

（1）利用词典、百科全书。主要有《辞海》、《辞源》、《中文大辞典》、《中国历史大辞典》、《世界知识辞典》、《中国大百科全书》等。

（2）利用表谱。主要有《中外历史年表》、《世界历史大事记》、《中国大事年表》、《历代统计表》、《中国近代史大事记》、《太平天国史事日志》、《中华民国史料丛稿——大事记》、《中国现代革命史大事年表》、《中华人民共和国教育大事记》（1949—1982）、《中国古代科学技术大事记》、《自然科学大事年表》等。

（3）利用年鉴、手册。主要有《世界知识手册》、《中国百科年鉴》、《香港经济年鉴》、《中国近代史知识手册》等。

2．查专题历史资料

（1）利用类书、政书。主要有《艺文类聚》、《册府元龟》、《太平御览》、《玉海》、《古今事文类聚》、《古今图书集成》、《格致镜原》、《通典》、《续通典》、《文献通考》、《唐会要》、《宋会要辑稿》、《元典章》、《明会典》等。

（2）利用史料汇编。主要有《魏晋南北朝战争史料汇编》、《隋末农民战争史料汇编》、《唐五代农民战争史料汇编》、《两宋农民战争史料汇编》、《明末农民起义史料》、《清初农民起义资料辑录》、《明清史料》、《中西交通史料汇编》、《中国近代史资料丛刊》、《中国现代史资料丛刊》、《中华民国史料档案资料汇编》等。

（3）利用史书、方志。主要有《二十五史》、《清史稿》、《资治通鉴》、《明通鉴》、《宋史纪事本末》、《元史纪事本末》、《辽史纪事本末》、《明史纪事本末》、《清史纪事本末》、《元一统志》、《大明一统志》、《大清一统志》以及各种"通志"、"省志"、"府志"、"厅志"、"州志"、"县志"等。

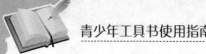

第六节　查找地理资料

一、查地名

可利用《辞海》、《辞源》、《中文大辞典》、《中国历史大辞典》、《中国古今地名大辞典》、《最新中外地名辞典》、《世界地名辞典》、《外国地名手册》、《世界地名译名手册》、《读史方舆纪要》等。

二、查地理沿革

（1）利用词典。主要有《辞海》、《辞源》、《中国历史大辞典》、《中国古今地名大辞典》等。

（2）利用表谱。主要有《历史地理沿革表》、《历代地理沿革表》、《清代地理沿革表》、《中华人民共和国行政区划简册》等。

（3）利用地图。主要有《历代沿革舆图》、《历代舆地沿革险要图》、《中国地理沿革图》等。

（4）利用史志。主要有《二十五史》和《二十五史补编》中的"地理志"（由历代地理志汇编）、《元和郡县志》、《太平寰宇记》、《舆地广记》、《通鉴地理考》、《元一统志》、《大明一统志》、《大清一统志》、《天下郡国利病书》、《读史方舆纪要》等。

还有一些少数地名在上面的工具书中查不到，可按时间顺序或地域查考有关工具书，如《春秋地名考略》、《甲骨地名通检》、《左传人名地名索引》等书。中国近、现代地名可查《最新中外地名辞典》、《中

国地名索引》、《汉语拼音中国地名手册》等。

三、查地理位置

（1）利用地图。主要有《中华人民共和国地图集》、《中国历史地图集》、《历代舆地图》、《世界地图册》、《世界分国地图》、《世界古代史地图集》、《世界近代史地图集》等。

（2）利用索引。主要有《中国地名索引》、《汉语拼音（中华人民共和国地图）地名索引》等。

四、查地方史料

（1）利用类书。主要有《太平御览》、《古今图书集成》等。

（2）利用方志。有历代的"一统志"、"通志"、"省志"、"府志"、"厅志"、"州志"、"县志"、"乡镇志"、"山志"等。可借助《中国地方志综录》、《中国地方志联合目录》查检。

（3）利用历史地理著作。如《读史方舆纪要》、《天下郡国利病书》、《麓山精舍丛书》等，可借助《中国丛书综录》查检，也可利用《中国边疆图籍录》等查检。

延伸阅读：我国地图绘制的历史

我国幅员辽阔，历史悠久，而地图绘制的历史，同样也可以追溯到几千年前。

早在西周初年周、召二公建洛阳城的时候，《尚书·洛诰》即有

"伻来，以图及献卜"的记述，王国维等认为此"图"字当作"谋"解，但多数学者、特别是从事地理学研究的同志认为非图谋之图，而是地图，即营建洛邑时画的洛邑城址附近地形图。

春秋战国时代，由于经济的进一步发展和政治、军事上的需要，制图事业大为发达。

《周礼·地官·大司徒》："大司徒之职，掌建邦之土地之图与其人民之数，以佐王安抚邦国。以天下土地之图，周知九州之地域广轮之数，辨其山林、川泽、丘陵、坟衍、原隰之名物，而辨其邦国都鄙之数，制其畿疆而沟封之。"

《管子·地图篇》："凡兵主者，必先审知地图，辕辕之险，滥车之水，名山、通谷、经川、陵陆、丘阜之所在，苴草、林木、蒲苇之所茂，道里之远近，城郭之大小，名邑、废邑、困殖之地，必尽知之。地形之出入相错者，尽藏之。然后可以行军袭邑，举措知先后，不失地利，此地图之常也。"

从上面所引二书关于疆域地图和军事地图的论述，联系《战国策·赵策》记苏秦以合纵说赵王"臣窃以天下之地图案之，诸侯之地五倍于秦"和《史记》、《战国策》所载荆轲刺秦王、"献督亢地图于秦"的故事，可以想见当时地图的绘制已很普遍，且已达到了相当高的水平。

由于古代地图与军政关系密切而必须藏之官府，又由于古地图的摹绘和保存都要比书籍难，所以流传存世的机会也远比古籍为少。长期以来传世的我国古地图，以南宋时期刘豫阜昌七年（1136 年）刻于石碑上的《禹迹图》、《华夷图》为最古。1973 年长沙马王堆三号墓出土了两幅西汉文帝初元十二年（前168年）以前绘在帛上的地图碎片，经故宫博物院等许多单位整理拼复，考订研究，暂定名为"地形图"和"驻军图"，并由文物出版社于1977年影印出版。这两幅埋藏地下2100多年的古地图的发现，是地图史上值得大书特书的事。据谭其骧介绍，它至少有四大特点：①时代早，比以前传世的我国最早地图《华夷图》、《禹迹图》早了1300多年，为地图史提供了最早的实物资料；②准确性很高，从而推翻了晋朝裴秀"汉氏舆图""皆不精审"的旧说，为我国地图史增添了极为光辉的一页；③图的内容既准确又详细，可据以窥见西汉初年长沙国南部（深平防区）的政治经济概貌，解决若干历史地理上的问题；④该图注记用的字体，测绘的方法、技术及其所用的工具等都达到很高的水平，值得加以深入的研究。

晋代裴秀有《禹贡地域图》十八篇，已失传，仅其序文幸存。但正是从《禹贡地域图序》开始，我国历史上才有明确的记载绘制地图的方法，使地图学在理论上有了准则可循。序文指出制图之体有六：

"一曰分率，所以辨广轮之度也。二曰准望，所以正彼此之体也。三曰道里，所以定所由之数也。四曰高下，五曰方邪，六曰迂直，此三者各因地而制宜，所以校夷险之异也。有图象而无分率，则无以审远近之差；有分率而无准望，虽得之于一隅，必失之于他方；有准望而无道里，则施于山海绝隔之地，不能以相通；有道里而无高下、方邪、迂直之校，则径路之数必与远近之实相违，失准望之正矣，故以此六者参而考之。然远近之实定于分率，彼此之实定于道里，度数之实定于高下、方邪、迂直之算。故虽有峻山巨海之隔，绝域殊方之迥，登降诡曲之因，皆可得举而定者。准望之法既正，则曲直远近无所隐其形也。"

另据唐虞世南《北堂书钞》，裴秀还发明了方格缩制地图的办法，以一分为十里，一寸为百里，把一幅用缣八十匹的旧"天下大图"，裁减为方丈图，这也是了不起的创造。

唐代极其重视地图的绘制。据《唐六典》、《唐会要》和《唐书·职官志》的记载，当时规定全国州府三年（后或改五年）一造地图，交兵部职方掌管；中央又依据州府所上地图综合编制成一统的总舆图《十道图》。

德宗时，宰相贾耽绘制的《陇右山南图》和《海内华夷图》，在地图史上也有一定的地位。贾耽在制图技术上，基本上承袭裴氏的"制图六体"，但也有创新："古郡国题以墨，今州县题以朱"。以颜色分注古今地名，这是沿革地图以朱墨分注古今地名的最初记载。据王庸《中国地理学史》和《中国地图史纲》的意见，宋代传世的著名石刻《华夷图》、《禹迹图》，受贾耽《华夷图》的深刻影响，甚至可能即是贾图的缩绘本。

另据《南史》及《宋书》记载，刘宋诗人谢庄曾制成木方丈图，可以自由拆并，所谓"离之则州别郡殊，合之则宇内为一"。北宋科学家沈括的《梦溪笔谈》中曾自述制作木图的经过，南宋黄裳等亦曾制作木图。这种木图，有人认为是一种活动地图，有人认为是地形模型，无论怎么说，都与地图有关，而且是一种发明创造，值得一提。

元代朱思本为中国地图史上划时代的人物。朱氏"周游天下"，遍访四方使臣，参阅北魏郦道元《水经注》及唐《通典》、《元和郡县志》、宋《元丰九域志》、元《一统志》等，积十年之功力，绘制《舆地图》二卷。朱图计里画方，在比例、方位、距离上都用过功夫，惜原图已失传。不过，明罗洪先依朱图增广而成《广舆图》四卷，今可据以略知朱图概要，而明清舆图，自此多受其影响。

明神宗万历年间，意大利人利玛窦来中国澳门等地传教，把他绘制的世界地图（或称《山海舆地图》、《舆地全图》、《坤舆万国全图》）献给中国的士大夫和当时的最高统治者，使我国对于世界地理和用经纬度绘图的方法有了新的认识，但仍局限于少数人，影响也不太大。利玛窦之后直到清朝初年，都有传教士相继绘制世界地图，如西班牙人庞迪我的《海外舆地全说》（未刻，有传写本），意大利人艾儒略的《万国全图》（见《职方外纪》），比利时人南怀仁、法兰西人蒋友仁各有《坤舆全图》等，其影响更远在利氏之下。

1707年开始，在清康熙帝的亲自主持下，由法兰西人白晋、雷孝思、杜德美等十人分组进行大规模的全国性经纬度和三角测量，于1717—1718年完成著名的《皇舆全图》的编绘工作。这份康熙朝的《皇舆全图》，1929年由沈阳故宫博物馆石印出版，计41幅，图上包括西经40度以东、北纬55度以南地区，题作"清内府一统舆地秘图"。乾隆朝在康熙图的基础上，扩大改制成《乾隆内府舆图》，又称《乾隆十三排地图》或《乾隆皇舆图》、《清一统地图》；原题乾隆二十五年（1760年）铜镌，实于乾隆二十六年（1761年）以后开雕。前北京故宫博物院于1925年发现此图铜板104幅，1932年重印，题称《重印乾隆内府舆图》；1966年台北又据以重印，比例尺改缩为200万分之一，题作"清一统舆图"。

新中国成立后，地图科学欣欣向荣，《中华人民共和国地图集》、《世界地图集》以及各种精确的专科地图大批涌现，举不胜举。

第七节　查找法规制度

一、查古代典章制度名称

可利用《辞海》、《辞源》、《中文大辞典》、《中国历史大辞典》、《历代官制、兵制、科举制常识》、《法律大辞典》、《法学词典》、《简明社会科学词典》、《历代职官表、历代职官简释和历代官制概述》等。

二、查古代典章制度沿革资料

（1）利用政书。主要有《通典》、《续通典》、《清通典》、《文献通考》、《续文献通考》、《清文献通考》以及历代"通志"、"会要"、《唐六典》、《元典章》、《明会典》、《大清会典》等。

（2）利用类书。主要有《北堂书钞》、《艺文类聚》、《初学记》、《太平御览》、《玉海》、《古今图书集成》等。

（3）利用表谱、史志、实录、诏令等。主要有《二十一史四谱》，《历代官职表》，《清代职官年表》，《辛亥革命以来十七年职官年表》，《二十五史》中的"职官志"、"选举志"、"舆服志"、"食货志"、"兵制"、"刑制"、"礼志"、"乐志"，历代"实录"，《历代官制考略》，

《历代宰辅汇考》,《历代兵制》等。

三、查找断代典章制度

可利用会要、会典。私人编撰的称《会要》、官修的叫《会典》。常用的有《春秋会要》、《七国考》、《西汉会要》、《三国会要》、《清会要》等。

四、查某一地区典章制度资料

可利用历代"一统志"和各种"通志"、"省志"、"府志"、"厅志"、"州志""县志"等地方志中的"职官"、"封爵"、"兵防"、"刑律"、"选举"、"田赋"、"钱法"等方志资料。

五、查近现代法规条约

(1) 利用法规汇编。主要有《中华民国法规大全》、《(新旧并列)现行六法全书》、《内政法规汇编》、《外交法规汇编》、《教育法令汇编》、《财政法规汇编》等。

(2) 利用条约汇编。主要有《中外旧约章汇编》、《中外条约司法部分辑览》、《分类编辑不平等条约》、《中国参加之国际公约汇编》、《中国近代对外关系史资料选辑》、《国际条约集》等。

六、查新中国法规条约

(1) 利用法规汇编。主要有《中央人民政府法令汇编》、《中华人民共和国法规汇编》、《中华人民共和国法律汇编》、《国家机关常用法规手册》、《中华人民共和国民法资料汇编》、《财政经济法规汇编》、《中国劳动法令汇编》、《公安法规汇编》、《经济法规汇编》、《中华人民共和国宪法》等。

（2）利用条约汇编。主要有《中华人民共和国条约集》、《中华人民共和国友好条约汇编》、《中华人民共和国对外关系文件集》、《国际条约集》等。

第八节　查找统计资料

一、查古代统计资料

（1）利用政书。主要有《通典》、《续通典》、《清通典》、《文献通考》、《续文献通考》、《通志》、《秦会要》、《三国会要》、《唐会要》、《五代会要》、《宋会要辑稿》、《宋朝事实》、《元典章》、《明会要》、《明会典》、《大清会典》、《皇朝政典类纂》、《皇朝掌故汇编》等。

（2）利用类书。主要有《太平御览》、《册府元龟》、《玉海》、《山堂考索》、《古今图书集成》等。

（3）利用"正史"。主要有《二十五史》和《二十五史补编》。

（4）利用方志。包括"一统志"、"通志"、"省志"、"府志"、"厅志"、"州志"、"县志"、"乡镇志"等。

（5）利用其他史料。如唐宋以来各朝《会计录》、《预算书》、《中国历代户口、田地、田赋统计》、《明代社会经济史料汇编》、《清实录经济资料辑要》、《中国通货史》、《中国货币史》、江浙等地的《盐法志》等。

二、查近现代统计资料

（1）利用年鉴。主要有《中国年鉴》、《申报年鉴》、《中华民国统计提要》、《中国经济年鉴》、《财政年鉴》、《全国银行年鉴》、《中国教育年鉴》、《中国劳动年鉴》、《交通年鉴》、《海关中外贸易年鉴》等。

（2）利用资料汇编。如《中国近代经济史统计资料选辑》、《经济统计摘要》、《实业统计》、《中外物价指数汇编》、《上海解放前后物价资料汇编》、《中国近代对外贸易史资料》（1840—1895）、《六十五年来（1864—1928）中国国际贸易统计》、《全国高等教育统计》、《中国近代外债史统计资料》等。

（3）利用报刊资料。如《统计月刊》、《统计季刊》、《经济统计月刊》、《经济统计季刊》、《物价统计月刊》等。

三、查新中国统计资料

（1）利用年鉴。主要有《世界知识年鉴》、《中国百科年鉴》、《国民经济统计提要》、《中国统计年鉴》、《世界经济年鉴》、《中国经济年鉴》、《香港经济年鉴》、《中国农业年鉴》、《中国哲学年鉴》、《中国历史年鉴》、《中国文艺年鉴》、《中国教育年鉴》、《中国体育年鉴》、《中国出版年鉴》等。

（2）利用手册和文件、资料汇编。如《中华人民共和国国务院公报》、《政府工作报告》、《伟大的十年》（中华人民共和国经济文化建设成就的统计）、《胜利十年》（上海市经济和文化建设成就统计资料）、《我国的国民经济建设和人民生活》、《光辉的成就》（庆祝中华人民共和国三十五周年文集）、《中国概况手册》、《中国高等学校简介》、《中国图书馆名录》、《中华人民共和国海关统计》、《主要资本主义经济统计集》（1848—1960）、《国外经济统计资料》（1949—1972）、《世界经济统计简编》、《世界经济统计资料》（1950— 1979）、《六国经济统计》（1950—1978）、《国外经济统计资料》（1949—1978）、《世界经济统计简编》、《世界经济统计资料》（1950—1979）、《六国经济统计》（1950—1973）、《世界各国农业统计资料》、《近三十年世界人口普查和人口概况》、《国际资料手册》、《国际知识手册》、《世界人文地理手册》等。

第九节　查找图像资料

一、查古今人物像

（1）利用词典、百科全书。主要有《辞海》、《民国名人图鉴》、《中国人名录》、《中华近代名人传》、《中华文化界人物总鉴》、《中国现代社会科学家传略》、《中国当代社会科学家》、《中国现代作家传略》、《外国名作家传》、《中国大百科全书》等。

（2）利用图录。主要有《中国历史参考图谱》、《中国近代史参考图谱》、《中国古代著名哲学家画传》、《清代学者像传》、《历代古人像赞》、《历代创制圣哲画像附略传》、《古先君臣图鉴》、《无双谱》、《历代学者像传》、《吴郡名贤图传赞》等。

（3）利用类书。主要有《三才图会》、《图书编》等。

（4）利用画集、照片集、画报。如《中国历代名画集》、《马克思传》、《毛泽东照片选集》、《鲁迅（1881—1936）》、《良友画报》、《人民画报》，还有新闻照片、新闻图片等。

（5）利用年谱、家谱、族谱、文集和有关书刊。年谱、家谱、族谱一般都附有图像，尤其是明代以后，几乎无谱不附图。文集一般收作者的年谱，也往往有人像。现代文集一般都有作者照片。又如《革命文物》、《第二次世界大战画史》、《中国人民解放战争三年战绩》等书刊一般都附有人物图像资料。

二、查古器物、服饰图

（1）利用词典、百科全书。主要有《辞海》、《中国大百科全书》等。

（2）利用图录。主要有《新中国出土文物》、《中华人民共和国出土文物展览展品选集》、《中国古文物》、《五省出土重要文物展览图录》、《全国基本建设工程中出土文物展览图录》、《中国古青铜器选》、《海外中国铜器图录》、《中国古代陶塑艺术》、《故宫博物院藏瓷选集》、《故宫博物院藏工艺品选》、《传世历代古尺图录》、《中国美术图录丛书》、《中国历史参考图谱》、《中国近代史参考图录》等。

（3）利用类书。主要有《三才图会》、《图书编》、《古今图书集成》等。

（4）利用画集和专业书刊。如《中国历代名画集》、《中国古代绘画选集》、《中国古代版画丛刊》、《中国古代服饰研究》、《古代人物衣冠参考资料》、《中国戏曲服装图案》、《武经总要》、《通艺录》、《军器

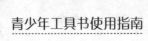

图说》、《中国篆刻艺术》、《文物》、《考古》、《装饰》、《故宫博物院院刊》等。

三、查古代建筑图

（1）利用词典、百科全书。主要有《辞海》、《中国大百科全书》等。

（2）利用图录。如《中国历史参考图谱》、《简明中国历史图册》、《中国近代史参考图录》等。

（3）利用画集和专业书刊。如《中国历代名画选集》、《中国古代绘画选集》、《中国建筑》、《中国建筑史图录》、《中国建筑类型及结构》、《建筑设计参考图集》、《营照法式》、《中国建筑彩色图案》、《明清两代宫苑建置沿革图考》、《北京古建筑》、《江南园林志》、《苏州园林》、《中国石桥》、《建筑》、《文物精华》等。

四、查古代名画

（1）利用百科全书。如《中国大百科全书》。

（2）利用图录。主要有《汉代绘画选集》、《宋人画册》、《元人画册》、《唐五代宋元名画》、《唐宋元明清画选》、《中国近百代绘画展览选集》、《画苑掇英》、《中国历代绘画》、《上海博物馆藏画》、《域外所藏中国古画集》、《中国古代石刻画选集》、《中华人民共和国汉唐壁画展》、《敦煌壁画集》、《中国版刻图录》、《明代版本图录初编》、《中国古代雕塑集》、《伟大艺术传统图录》、《中国美术史图录丛书》等。

（3）利用专业书刊。如《中国的绘画》、《中国美术史纲》、《故宫周刊》、《故宫博物院院刊》（季刊）、《故宫月刊》、《文物精华》、《中国画》（季刊）、《美术》、《文物》等。

第十节　查找书刊论文

一、查某一书籍简况

（1）利用词典、百科全书、年鉴。主要有《辞海》、《辞源》、《中文大辞典》、《四库全书学典》、《四库全书大辞典》、《哲学辞典》、《中国大百科全书》、《中国医学大百科全书》、《图书年鉴》、《中国出版年鉴》、《中国历史学年鉴》、《中国文艺年鉴》等。

（2）利用解题书目、读书记、题跋记。主要有《四库全书总目提要》、《四库全书简明目录》、《四库未收书目提要》、《四部丛刊书录》、《四部备要书目提要》、《中国善本书目提要》、《郡斋书志》、《文献通考、经籍考》、《汲古阁书跋》、《读书敏求记》、《清人文集别录》、《中国通俗小说书目》、《曲海总目提要》、《中国近代出版史料》、《中国现代出版史料》、《中国出版史料补编》、《全国新书目》等。

二、查某一报刊简况

（1）利用词典、百科全书。主要有《中国大百科全书》等。

（2）利用目录资料。主要有《全国中文期刊联合目录》、《中国近代期刊篇目汇录》、《辛亥革命时期期刊介绍》、《五四时期期刊介绍》、《国内中文期刊简介》、《晚清文艺报刊述略》、《中国报学史》、《中国

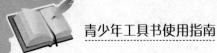
近代出版史料》、《中国现代出版史料》等。

三、查图书出版情况

（1）古代著述。可利用"正史"艺文志、经籍志，《二十五史补编》艺文、经籍补志，《艺文志二十种综合引得》、《通志》、《续通志》、《清文献通考》、《清续文献通考》经籍考，《四库全书总目提要》、《汲古阁书目》、《贩书偶记》、《书目答问》、《书目答问补正》、《中国边疆图籍录》、《中国通俗小说书目》、《古籍目录》等。

查现存古籍，主要利用《中国丛书综录》、《中国地方志综录》、《中国地方志联合目录》、《四库全书总目》、《贩书偶记》、《贩书偶记续编》、《古籍目录》等。

（2）查近代图书。主要利用《（生活）全国总书目》、《图书年鉴》、《抗战时期出版图书书目》（1937—1945）、《抗日战争时期、第三次国内革命战争时期解放区、根据地图书目录》、《中国近代现代丛书目录》、《中国近代出版史料》、《中国现代出版史料》、《中国出版史料补编》等。

（3）查新中国图书。主要利用《全国总书目》、《全国新书目》、《社科新书目》、《科技新书目》、《新书月报》、《中国出版年鉴》、《中国历史学年鉴》、《中国文艺年鉴》等。

四、查古籍版本

主要利用《增订四库简明目录标注》、《贩书偶记》、《贩书偶记续编》、《书目答问》、《书目答问补正》、《中国古籍善本总目》、《北京图书馆善本书目》、《上海图书馆善本书目》、《汲古阁珍藏秘本书目》、

《读书敏求记》、《宋元旧本经眼录》、《铁琴铜剑楼藏书目录》、《天禄琳琅书目》、《中国版刻图录》等。

五、查报刊论文资料

主要利用《中国近代期刊篇目汇录》、《辛亥革命时期期刊总目》、《五四时期期刊介绍》、《十九种影印革命期刊索引》、《新华日报索引》、《解放日报索引》、《中文杂志索引》、《第二次国内革命战争时期资料索引》、《抗日战争时期资料索引》、《第三次国内革命战争时期资料索引》、《全国报刊索引》、《内部资料索引》、《新华月报总目》、《人民日报索引》、《中国史学论文资料索引》、《全国高等院校社会科学学报 1906—1949 年总目录》、《中国古代史论文资料索引》、《中国近代史论文资料索引》、《世界史论文资料索引》、《全国报刊文学论文索引》、《中国古典文学研究论文索引》、《图书馆学论文索引》等。

六、查报刊馆藏情况

主要利用《全国中文期刊联合目录》（1833—1949）、《全国西文期刊联合目录》、《全国日文期刊联合目录》、《全国俄文期刊联合目录》、《（北京地区图书馆）解放前中文报纸联合目录（草目）》、《上海图书馆馆藏中文报纸联合目录（1882—1949）》、《北京大学图书馆中文旧期刊目录》、《（北京图书馆）解放后中文期刊目录》等。

第五章　中小学生常用工具书

第一节　《新华字典》

一、《新华字典》简介

　　《新华字典》是新中国成立后出版的第一部以白话释义、用白话举例的现代汉语字典，是新中国第一本语文工具书，也是迄今为止最有影响力、最具权威性的一部小型汉语字典，堪称小型汉语语文辞书的典范。

　　《新华字典》最早的名字叫"伍记小字典"，但未能编纂完成。1953 年开始重编，其凡例完全采用《伍记小字典》。1953 年首次出版，后经反复修订，以 1957 年商务印书馆出版的《新华字典》作为第一版。

你知道吗：《新华字典》的成立背景

新华字典，顾名思义，就是新中国出版的字典。

1950年5月23日，国家出版总署副署长叶圣陶致函北京大学校长，商调在该校中文系当系主任的魏建功到国家出版总署编审局来筹建主持"新华辞书社"，着手早有计议的《新华字典》编写工作。此项工作，不仅是魏建功、叶圣陶等人计议中要干的事，也是"新形势"的急需——"新政权"得有自己人弄出的普及性字典，让"新社会"的读者广泛使用。

不出一个月，魏建功在北京大学的职务得以解除，来到国家出版总署编审局组建"新华辞书社"。起初，所谓"新华辞书社"只有魏建功和萧家霖两个人，不久萧家霖的夫人也加入了，再后来杜子劲又加入了。似乎早期新华辞书社就只有这么几个成员，叶圣陶代表国家出版机构"领导"着这个新华辞书社。

新华辞书社的工作于1950年8月10日正式展开了之后，同年10月9日下午，人民教育出版社才召开"成立会"，叶圣陶兼任社长，实际也成为《新华字典》的终审。

1951年3月17日上午，新华辞书社开社务会议，议定《新华字典》本年9月底完稿。这个时间要求倒是达到了，该年8月29日下午3点新华辞书社举行社务会议时，《新华字典》初稿早已结稿，但修订进度甚缓。为了赶速度，社内同仁的工作有所调整。调整之后，仍处于紧张状态，1951年11月29日下午的社务会议上，再次鼓劲，力争1952年6月修订完工，年底出版。

这一次的规划落空了。

1952年7月11日，金灿然、叶圣陶、魏建功等共谈重新改定后的《新华字典》印发的部分征求意见稿，结果都发现问题多多：读者对象不明确、体例有点乱等等。更要命的是虽说新华辞书社已"发展"至十多个人，但能动笔写稿的人极少，魏建功、萧家霖又都不写稿，只做"审订"工作，连叶圣陶也只好叹气："欲求成稿之完善，实甚难。"

改、改，不停地改！到了1953年1月中旬，负责终审的叶圣陶仍在摇头："字典总觉拿不出去，尚须修改。"这年的2月21日，魏建功再一次求助叶圣陶，让他为"编辑同仁"讲今后如何修改，力争6月完稿、7月付排。

实际上，最后均由叶圣陶逐字改定，于1953年7月6日被正式发到印刷厂排字。一周后，由叶圣陶改定了魏建功、萧家霖写的《新华字典》宣传稿。《新华字典》的排版格式是1953年7月17日下午商量一次，10天后又商量一次才定下来的。之后便是读校样。但在叶圣陶这里却是"流水作业"，他于1953年7月29日才把《新华字典》全稿审改完毕。8月22日，叶圣陶审读魏建功和萧家霖起草的检字表，也觉不完善，28日与二位商量后才定。

魏建功写的《新华字典》的《凡例》，也被叶圣陶判为"琐琐"、"达意不甚明畅"，又得改。

1953年12月4日《新华字典》终于完工，即将出版。总结《新华字典》初稿乃至修订过程，叶圣陶觉得"计划未前定，随时变更，耗力甚多，而又未能作好"。1953 年 12 月北京第一次印刷的人民教育出版社版《新华字典》是依音序排列的，版权页上说是一次印了 10 万册，但叶圣陶日记上写的是 300 万册。

1954 年 7 月初，"10 万册"音序排列的《新华字典》已经卖完，叶圣陶虽然认为"此字典实不能令人满意"，但又无法另编，只好同意"酌量修订"。决定改音序排列为部首排列。因为忙，也确实因为初版的这本《新华字典》让近六十岁的叶圣陶饱尝辛苦，他不再过问由人民教育出版社重版修订的《新华字典》，而是交由魏建功、悔逸群负责。部首排列的《新华字典》1954 年 11 月才付印，发行 20 万册。人民教育出版社《新华字典》由魏建功写书名。之后，《新华字典》就转到商务印书馆去了。

到 2004 年，《新华字典》已经出到了第十版，至此，这本不到 70 万字的小字典，50 年来 200 余次重印，累计发行高达 4 亿册。

在当代中国，几乎每一个识字的人都知晓《新华字典》。

它是亿万中国人的良师益友，是海内外中文读者的"挚爱亲朋"，是人们汲取知识养分的最初的起点，是读书人相伴终身的"无声的老师"。

在 2004 年新年之际举行的《新华字典》第十版出版座谈会上，众多专家学者回顾《新华字典》自 1953 年出版以来半个世纪的辉煌历程，面对图书出版领域现状，提出了解析"新华现象"、发扬"新华精神"的倡议。

第一版《新华字典》编纂于 1953 年，从一开始，这本小字典就蕴

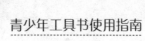

藏着一种文化理想：为民族的文化普及和知识传播建功。也正因此，在它的旗下，汇聚了一批声名卓著的大家：叶圣陶、邵荃麟、魏建功、陈原、丁声树、金克木、周祖谟……小字典大学者，《新华字典》的这个特色整整保持了50年。在后来的岁月里，又有很多如雷贯耳的名字加入修订者的行列：王力、游国恩、袁家骅、周一良等等。

《新华字典》珍藏本

小小的《新华字典》之所以能够长盛不衰，就是因为它的背后有如此多的大学者的支撑。在现代汉语辞书历史上，《新华字典》具有里程碑的意义：在它以前没有一部能够完全合格的现代汉语字典，在它以后的现代汉语字典，是沿着它开辟的道路而不断改进的。

《新华字典》始终坚持严谨求实、服务民众、与时俱进的理念，在它出版后的半个多世纪里，一直都有编读往来。无论世事变迁、时光流转,《新华字典》从未中断过与读者的密切联系。

《新华字典》一问世就为人民群众学习文化、普及基础教育服务,这种贴近民众的主动追求,成就了这本小字典可贵的人民性和旺盛的生命力。

二、历次版本

(1)人民教育出版社,1953 年 10 月初版。

(2)人民教育出版社,1954 年第 2 版。

(3)商务印书馆,1957 年 6 月第 1 版。

(4)商务印书馆,1959 年第 2 版。

(5)商务印书馆,1962 年第 3 版。

(6)商务印书馆,1965 年第 4 版。

(7)商务印书馆,1971 年 6 月第 5 版。

(8)商务印书馆,1979 年 12 月第 6 版。

(9)商务印书馆,1990 年第 7 版。

(10)商务印书馆,1992 年 7 月第 8 版。

(11)商务印书馆,1998 年 5 月第 9 版。

(12)商务印书馆,2004 年 1 月第 10 版。

三、推荐版本

商务印书馆,2004 年 1 月第 10 版。

《新华字典》首批印刷 100 万册。第 10 版的发行使《新华字典》的总发行量突破 4 亿册,成为迄今为止世界出版史上字典的最高发行量。

《新华字典》第10版

　　《新华字典》走过了50多年的历程，历经几代上百名专家学者10余次大规模的修订，重印200多次，目前第10版已经出版发行。它的10个版本不仅体现了不同语言文字的变化，也折射了不同历史时期的社会特征。如第一版的线装书样式和繁体字，"文革"时扉页上的"毛主席语录"，20世纪八九十年代大量收录的经济、法律、技术词汇。而第10版则进一步体现了规范性、科学性和时代性。

　　第10版中100多个新词和环保意识的体现成为亮点。其中增补的部分新词、新义、新例和少量字头，使字典在一定程度上反映出当代社会面貌和群众语文生活。增补的新词、新义、新例涉及通讯、计算机、医药、食品、生物技术、法律、经济、管理等当代社会生活的诸多方面，如：光纤、光盘、互联网、黑客、软件、硬件、手机、艾滋病、木糖醇、克隆、基因、公诉、公证、听证、投诉、期货交易、盗版、审计、公示、互动、白领、蓝领、绿卡、社区、超市、理念等。

而在审查动物和植物条目时，注意了与国家有关的动物、植物保护政策相一致的问题，对于已经被国家定为保护动物和植物的，一般都将"……可食"等语句删掉，避免对读者产生的误导。如"鲸"现为国家保护动物，原释文中有"肉可吃，脂肪可以做油"的语句，已在这次修订时删去。而且新版里的字，基本上均为简体汉字，但是为了保留我们的文化，在有繁体字的汉字旁，很多都有繁体字，便于人们学习。

同时，修订版根据教育部、语言文字工作委员会《第一批异形词整理表》对字典所涉及的异形词作了相应处理，还增补了插图；为方便读者查检，增加了按字母顺序编排的梯标；为了满足不同读者的需求，第 10 版还同时推出了三个不同版式，即普通版、双色版、大字本。此外，新版还增加了《地质年代简表》。

第二节　《现代汉语词典》

一、《现代汉语词典》简介

《现代汉语词典》是由国务院下达编写指示，由国家级学术机构——中国社会科学院语言研究所编写的以推广普通话、促进现代汉语规范化为宗旨的工具书，是我国第一部规范型现代汉语词典。

《现代汉语词典》1956 年由国家立项，1958 年 6 月正式开编，1960

年印出"试印本"征求意见，1965 年印出"试用本"送审稿，1973 年内部发行，1978 年第 1 版，到 2005 年，已经出了第 5 版。

1978 年由商务印书馆正式出版的《现代汉语词典》

半个多世纪以来，《现代汉语词典》根据语言发展变化和国家颁布的新的语文规范不断精雕细琢，与时俱进，至今已印行 4000 多万册，深受海内外读者的欢迎。曾经荣获第一届国家图书奖，第二届国家辞书奖一等奖，第四届国家社会科学类著作最高奖——吴玉章人文社会科学奖一等奖。

《现代汉语词典》总结了 20 世纪以来中国白话文运动的成果，第一次以词典的形式结束了汉语长期以来书面语和口语分离的局面，第一次对现代汉语进行了全面规范。《现代汉语词典》在辞书理论、编纂水平、编校质量上都达到了一个新高度，是辞书编纂出版的典范之作。它的发行量之大，应用面之广，为世界辞书史上所罕见；它对现代汉语的统一与规范，对研究、学习与正确应用现代汉语，对扩大我国与世界各民族的交往，都有着重要的影响。

《现代汉语词典》的权威性主要源于它拥有两位学术成就极为卓越的主编、国内顶尖水平的审订者。

它的两任主编吕叔湘先生和丁声树先生均为享誉中外的语言学家，中国科学院哲学社会科学部学部委员，在普通语言学、汉语语法、文字改革、音韵、训诂、语法、方言、词典编纂、古籍整理等众多领域都取得了很高的成就。吕先生主持《现代汉语词典》编纂工作四年多，确定了编写细则，完成了"试印本"，为《现代汉语词典》打下了坚实的基础。丁先生主持《现代汉语词典》编辑定稿工作十几年，在"试印本"的基础上，对词典字斟句酌，苦心孤诣地进行修改、完善，将其全部身心都献给了这部词典。

吕叔湘

丁声树

它的审订人员均为国内顶尖水平的语文大家。如王力，北京大学教

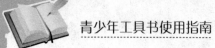

授，其《汉语史稿》、《中国现代语法》等早已成为语言学经典，辉煌巨著《王力文集》二十卷奠定了其语言学一代宗师的地位；黎锦熙，北京师范大学教授，曾任中国大辞典编纂处总主任，主编有民国时期影响很大的《国语辞典》等，其名作《新著国语文法》曾影响了好几代语言学者；魏建功，北京大学教授，曾兼任新华辞书社社长，主编我国第一部新型的规范性字典《新华字典》，在音韵、文字和古籍整理方面贡献卓著。其他如陆志韦、李荣、陆宗达、叶籁士、叶圣陶、周定一、周祖谟、石明远、周浩然、朱文叔等，2005 年第 5 版的审订委员曹先擢、晁继周、陈原、董琨、韩敬体、胡明扬、江蓝生、刘庆隆、陆俭明、陆尊梧、沈家煊、苏培成、王宁、徐枢、周明鉴，都是造诣很深的语言学和辞书学权威专家。

正是由于有吕叔湘、丁声树两位先生的先后主持，有一批具有顶尖水平的语文大家进行审订，贡献才智，《现代汉语词典》的整体水平才能达到前所未有的高度，而且在收词、注音、释义、用例等方面，都取得了突出的、开创性的成就。

二、历次版本

（1）商务印书馆，1978 年第 1 版。

（2）商务印书馆，1983 年第 2 版。

（3）商务印书馆，1996 年第 3 版。

（4）商务印书馆，2002 年第 4 版。

（5）商务印书馆，2005 年第 5 版。

三、推荐版本

商务印书馆，2005 年第 5 版。

第5版《现代汉语词典》具有如下4个特点：

（1）增加大量新词新义。第5版《现代汉语词典》增加新词语6000余条，许多原有的词汇也增加了新的义项，是历次修订中增收新词幅度最大的版本之一。

第5版增加新词举例

政治类：德治、反恐、反贪、公示等。

法律类：不作为、布警、法槌、法官袍、法徽、法律援助、故意、国家赔偿、立法法、立法权、受案、司法鉴定、司法解释、特别法、窝案、刑拘、无罪推定、有罪推定、职务犯罪、智能犯罪等等。

经济类：彩民、炒手、解套、经济法、套现、网络银行、限产、乡企、循环经济、质押等。

金融保险类：保额、保费、保险人、财产保险等。

科技类：笔记本式计算机、编程、波导、彩显等。

农业类：陈化粮、坑农、三农、散养等。

商业类：币市、便利店、超值、车市、承购、承销、传销等。

公交类：并线、车模、车位、城铁、磁浮列车、错峰、打表、大巴等。

军事类：电子战、环境武器等。

建筑房产类：参建、层高、拆建、错层、多层住宅等。

环保类：白色垃圾、断流、环境科学、环境激素等。

动植物类：珙桐、台湾猴、秃杉、望天树、野骆驼、藏羚、藏原羚等。

文教类：海归、开题、可读性、考博等。

影视演艺类：丑星、出场费、动漫、个唱等。

新闻通信类：报料、爆炒、彩信、电邮、有偿新闻等。

体育类：补时、长考、出赛、德比等。

医药卫生类：靶器官、彩超、超声刀、磁疗、非典、禽流感、苏丹红等。

餐饮类：冰茶、冰品、餐点、餐位、餐纸、茶吧、纯净水等。

休闲旅游类：补妆、黄金周等。

社会生活类：二奶、安全线、搓麻、低保、富婆、共赢、黑恶、性教育、性侵犯等。

一般语词：扮酷、地毯式、巅峰、跟进等。

（2）删减旧词。本次修订删去2000条。删减词条包括纯文言词、使用地区狭窄的方言词、过时的音译词、反映过时的事物、现在已经不再使用的词等。

（3）修改释义和例句。这种修改主要包括词义发生了变化，词义所反映的客观事物发生了变化，原来的释义不够准确或完善三种情况。

（4）全面、科学、稳妥地标注词类。《现代汉语词典》过去只对部分虚词和常见的代词、量词等注明词类，这次修订则对所收的现代汉语的词作了全面的词类标注；文言虚词有些原来已注明词类，现在也作了全面的词类标注。由于第5版进行全面的词类标注，此次修订内容几乎涉及全书每个条目和义项。第5版《现代汉语词典》把词分成12类，在区分词与非词的基础上，给单字条目和多字条目标注词类。为了体现大的类别中某些词的特殊语法属性，在名词、动词、形容词三个大类中又各分出两个附类。名词的附类是时间词、方位词；动词的附类是助动词、趋向动词；形容词的附类是属性词、状态词。

《现代汉语词典》第 5 版

第三节　《辞源》

一、《辞源》简介

《辞源》是我国第一部大规模的语文辞书，是中国最大的一部古汉语辞典。

它始编于 1908 年，由陆尔奎等编，商务印书馆 1915 年以甲乙丙丁

戊五处版式出版，1931 年出版《辞源》续编，1939 年出版《辞源》简编。旧版《辞源》中的书证因多从旧字书、类书中转抄而来，又未经认真核对，所以错误较多。所引书证，只列书名、作者名，不列篇名，不便于读者核对。自 1958 年起，国家组织人力对《辞源》进行全面修订，历时数十载，至 1983 年分四册出齐，才算大功告成。它凝聚了几代学者的心血，包含着全国数省几万人的辛勤劳动，工程浩繁，来之不易。

《辞源》合订本

这是一部收单字万余、词目 10 万条左右，包括社会科学和自然科学内容的综合性辞书。全书立 214 个部首，所收单字按部首编排。同一部首内，再按笔画由少至多编排。单字下先注反切，再释词义。单字之后列出以该单字为字头的复音词或词组，然后分别进行诠释。各项释义皆有书证，有的更附有图表，以便理解。

二、推荐版本

修订版《辞源》以旧有的字书、韵书、类书为基础，吸收了现代辞书的特点，以语词为主，兼收百科，以常见为主，强调实用，是一部综合性、实用性极强的百科式大型工具书。全书共四册，收词近 10 万条，总计解说约 1200 万字，几乎超出了《资治通鉴》一倍。

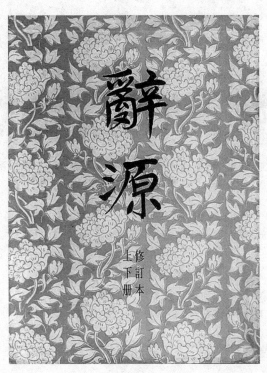

《辞源》修订本

修订本《辞源》仍立 214 个部首，部首的设置、排列依然沿用旧

《辞源》。全书仍采用繁体字排印。在单字下用汉语拼音和注音字母注音，之后标出《广韵》的反切，指出其中古的声调、韵、声母。《广韵》不收的字，采用《集韵》或其他韵书、字书的反切。然后按顺序释义，释义简明确切，并注意阐发语词来源及其发展演变。单字之下分列以该单字为字头的词组或复音词。所引书证，标明书名、篇名。书后附有《四角号码索引》与《汉语拼音索引》，使用十分方便。训释全部使用白话，这对初学古汉语的读者更为便利。

修订版《辞源》的内容丰富，极为充实广博。除大量的字词释义上，对于艺文、故实、典章、制度、人名、地名、书名以及天文星象、医术、技术、花鸟虫鱼等也兼收并蓄，融词汇、百科于一炉，既体现了工具性和知识性，又兼顾了可读性。修订版《辞源》历经几代专家学者的修订，改善体例，纠谬补缺，内容更为准确精到，查用更为容易便捷，极具权威性。全书由国内最负盛名、最具实力的商务印书馆承担校审，工作上精益求精，这也在一定程度上增加了本书的准确程度和权威性。

第四节　《辞海》

一、《辞海》简介

《辞海》是中国最大的综合性辞典，是以字带词，兼有字典、语文词典和百科词典功能的大型综合性辞典。

　　"辞海"二字源于陕西汉中著名的汉代摩崖石刻《石门颂》。《辞海》最早的策划、启动始于1915年。当时，中华书局创办人陆费逵先生决心编纂集中国单字、语词兼百科于一体的综合性大辞典，取"海纳百川"之意，将书名定为《辞海》。自1915年秋启动后，至1928年止，时作时辍。1928年起专聘舒新城先生担任《辞海》主编，到1936年，由中华书局正式出版了《辞海》两巨册，其收字词的数量和编排体例与旧《辞源》大致相同。

　　全书分214个部首，每部之内按单字笔画由少至多排列，单字下先用反切注音，后分项注释词义。单字之后，列出复音词及词组，分别释义。每项释义都列举书证，书证都标出书名、篇名。

《辞海》

　　由于《辞海》在《辞源》之后问世，可以借鉴《辞源》的经验，避免《辞源》的失误，所以，在书的内容和编排体例上都有很大改进。新中国成立后，毛泽东于1957年9月在上海正式决定修订老《辞海》，《辞海》从此迎来了第二个春天，开始了第二次创业。

　　从1958年起，国家组织人力对旧《辞海》进行修订。1958年5

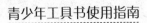
月，中华书局辞海编辑所成立。1959 年夏，辞海编辑委员会成立。1960 年 3 月，《辞海》试写稿问世，11 月，在初稿基础上，形成《辞海》二稿。1961 年 10 月，按学科分类编排的 16 分册试行本在内部出版发行。1963 年 4 月《辞海》（未定稿）在内部发行。1979 年，三卷本的《辞海》正式出版，5000 多名专家用 20 余年完成了夙愿，向国庆 30 周年献上一份厚礼。1980 年出版一巨册缩印本。

修订本按部首用简体字编排，按简体字归纳出部首 250 个，在单字后先用拼音方案注音，然后分项解释词义。单字下分列以该字为字头的复音词或词组。收单字 14000 多个，选收词目 9 万余条，词目包括了古今社会科学与自然科学各学科的常见用语，是大型的综合性工具书。

《辞海》附录有《中国历史纪年表》、《中华人民共和国行政区划简表》、《常见组织机构名简表》、《中国少数民族分布简表》、《世界国家和地区简表》、《世界货币名称一览表》等 13 种。每卷书前有《辞海部首表》。索引包括《笔画索引》、《汉语拼音索引》、《四角号码索引》、《词目外文索引》。

二、历次版本

《辞海》1936 年版两卷本（甲种、乙种、丙种、丁种），1937 年 9 月出版。

《辞海》1936 年版两卷本（戊种），1938 年 6 月出版。

《辞海》1936 年版合订本，1947 年 5 月出版。

《辞海》试写稿（供作者编纂参考），1960 年 3 月印。

《辞海》二稿样稿本（供作者编纂参考），1960 年 11 月印。

《辞海》试行本（16 分册，另有总词目表 1 册，内部发行，供征求意见），1961 年 10 月发行。

《辞海》送审本 1 册，1963 年 10 月印。

《辞海》试排本（供内部修改使用，60 册），1963 年 4 月出版。

《辞海》未定稿两卷本（内部发行，供继续征求意见），1965 年 4 月出版。

《辞海》分册（修订本，即新一版，28 分册），1975 年 12 月至 1983 年 2 月出版。

《辞海》1979 年版三卷本，1979 年 9 月出版。

《辞海》1979 年版缩印本，1980 年 8 月出版。

《辞海》语词增补本（与《辞海》语词分册修订本配套），1982 年 12 月出版。

《辞海》百科增补本（与《辞海》百科分册修订本配套），1982 年 12 月出版。

《辞海》四角号码查字索引本（供检索《辞海》1979 年版用），1982 年 8 月出版。

《辞海》增补本（由《辞海语词增补本》和《辞海贩百科增补本》合并出版，与《辞海》1979 年版三卷本、缩印本配套），1983 年 12 月出版。

《辞海》百科词目分类索引，1986 年 10 月出版。

《辞海》分册新二版（26 分册），1986 年 8 月至 1989 年 10 月出版。

《辞海》1989 年版三卷本，1989 年出版。

《辞海》1989年版缩印本，1991年1月出版。

《辞海》1989年版简体字版，三卷本（与中华书局香港有限公司合作出版，在香港地区发行），1989年9月出版。

《辞海》1989年版简体字版，缩印本（与中华书局（香港）有限公司合作出版，在香港地区发行），1989年9月出版。

《辞海》1989年版繁体字版，三卷本（与台湾东华书局合作出版，在台湾地区发行），1993年7月出版。

《辞海》1989年版繁体字版，10部分卷本（与台湾东华书局合作出版，在台湾地区发行），1993年7月出版。

《辞海》1989年版增补本，1995年12月出版。

《辞海》1999年版彩图本（部首，五卷本），1999年9月出版。

《辞海》1999年版彩图珍藏本（部首，九卷本），1999年9月出版。

《辞海》1999年版普及本（部首，三卷本），1999年9月出版。

《辞海》1999年版缩印本（部首，一卷本），2000年1月出版。

《辞海》1999年版彩图缩印本（音序，五卷本），2001年8月出版。

《辞海》1999年版缩印本（音序，一卷本），2002年1月出版。

《辞海》1999年版普及本（音序，三卷本），2002年8月出版。

《辞海》2009年彩图本（音序，五卷本），2009年9月出版。

三、推荐版本

1999年版《辞海》是在1989年版的基础上修订而成的，本版篇幅较1989年版略增，条目有大量修订，主要是反映国内外形势的变化和文化科学技术的发展，弥补缺漏，纠正差错，精简少量词目和释文，在内容上和形式上都以新面貌出现在读者面前。

新的字目：所收单字，由 16534 个增加到 19485 个。

新的词目：6000 条新增词目大部分是近 10 年新出现的词语，如"因特网"、"多媒体"、"转基因动物"、"社会主义市场经济"等等。

新的解释：国际形势变化很大、国内经济体制转变、科学技术突飞猛进、行政区划有所变动，故对大量政治、经济、科技、地名等条目，作了新的解释。

新的规范：法律、行政、科技等方面近年都出现了许多新的规范，新版《辞海》都按照新规范行文。

新的数据：人口数、产量数和各项经济值以及一切涉及数据的条目，凡有新资料者均予更新。

新的图片：随文附图共 16000 余幅，其中绝大多数是彩色照片，彩图本《辞海》是我国大型辞典中之首创。

新的设计：除配置大量的彩色图片外，还将必须配置的黑白线条图和倾泻结构式加上色块，全书图文并茂，色彩缤纷，在形式上更具现代感。

《辞海》99 版珍藏本凡例

单字和词目

一、本书共收单字字头 17523 个，附繁体字和异体字 6129 个。字头及其下所列词目，包括普通词语和百科词语，共 105400 余条。

字体和字形

二、本书所用字体，以 1986 年国家语言文字工作委员会重新发布的《简化字总表》、1955 年文化部和中国文字改革委员会联合发布的

《第一批异体字整理表》为准，其字形以 1988 年国家语言文字工作委员会、新闻出版署联合发布的《现代汉语通用字表》为准。具体处理如下：

1. 《简化字总表》中的简化字和《第一批异体字整理表》中的选用字作为正条，相应的繁体字和异体字用小号黑体加注于单字之后。

2. 偏旁类推简化字的范围，以《简化字总表》中的一百三十二个"可作简化偏旁用的简化字"和十四个"简化偏旁"为准。

3. 字头后所附繁体字和异体字，收入本书《笔画索引》、《四角号码索引》备查。

三、人名、地名等，一般用简化字或选用字。简化字或选用字，意义不明确的，适当保留原来的繁体或异体，如"王濬"（人名）的"濬"不作"浚"，"扶馀（地名)"的"馀"不作"余"。简化字或选用字可能引起误解的，酌注相应的繁体或异体，如【岳云（雲）】（人名）、【升（昇）州】（地名）等。

注音

四、单字用汉语拼音字母注音，标明声调（轻声不标）。同义异读的，原则上根据 1985 年国家语言文字工作委员会、国家教育委员会和广播电视部联合发布的《普通话异读词审音表》注音。少数流行较广的异读酌予保留，如【饧】（xíng，又读 táng）。现代读音与传统读音不同的，酌注旧读，如【庸】（yōng，旧读 yóng）。口语音与读书音不同的，加注读音，如【摘】（zhāi，读音 zhé）。

五、同形异音词目第一字读音不同不注音，分别隶属于该字的不同读

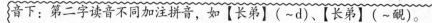

音下：第二字读音不同加注拼音，如【长弟】（~d）、【长弟】（~觊）。

编排和检索

六、本书原则上按汉语拼音音序排列：

1. 字头和词目凡同形异音者皆分立。

2. 字头按汉语拼音次序排列。同音字按笔画排列，笔画少的在前，笔画多的在后。笔画相同的，按起笔笔形横、竖、撇、点、折次序排列。

3. 词目隶属于首字读音之下。同一字头下所列词目不止一条的，按第二字的汉语拼音次序排列，第二字读音相同的，按笔画次序排列。第二字相同的，按第三字排列，排列次序同第二字，以下类推。

4. 外文字母和阿拉伯数字开头的词目排在正文最后。

七、一个简化字或选用字对应几个繁体字或异体字的，按字义不同用一二三分行排列。如【干】一（干字本义）；二【乾、幹、榦】。多义的单字或复词用①②③分项，一义中需要分述的再用（1）（2）（3）分项，一律接排。

八、本书前有《汉语拼音音节表》。另有《笔画索引》、《四角号码索引》、《词目外文索引》和附录归并为末卷。

其他

九、纪年：中国古代史部分一般用旧纪年，夹注公元纪年；近现代史（1840年鸦片战争以后）部分用公元纪年，必要时加注旧纪年；外国史部分一律用公元纪年。年代以0~9作为起讫。

十、词目中，外国（朝鲜、韩国、日本、越南等除外）的国名、人名、地名（包括山脉、河流、岛屿、港湾等）、新闻媒体名以及国际组织名、动植物名、药品名，一般直接括注外文；音译词和必须说明语源的词语，在释文中说明其来源；对应的外文缩略形式已相当流行的，作为"简称"在释文中介绍；一般名词术语不注外文。国名、人名、地名一般注各该国原文，希腊、古印度、阿拉伯国家等的注拉丁字母对音：国际组织名注英文、法文、西班牙文等通用文字；动植物名注拉丁文学名；药名注英文。上述各类词语在释文中提及时，未收专条的国名、人名、地名等一般加注外文，其他词语一般不注。

十一、人名、国名、地名、朝代、年号等标专名号，但专名同普通名词结合成另一个词语的不标；民族、宗教、组织机构、会议、建筑物等名称不标专名号，但中国古代民族、部落如"女真"、"靺鞨"等习惯上无"族"、"部落"等字样的酌标。

十二、释文中除涉及历史、文学等内容者外，一般使用我国法定计量单位。

十三、本书引用的《马克思恩格斯选集》、《列宁全集》、《列宁选集》、《毛泽东选集》，均用最新版本；引用的《马克思恩格斯全集》，因第二版尚未出全，仍用第一版。

十四、引文中补出词语用【 】，夹注姓笔等用（ ）标明。

十五、释文中词语前面有*的，表示另有专条，可供参阅。

十六、本书收入图照 16000 余幅，其中地图 380 幅。地图中中国国界线系按照中国地图出版社 1989 年出版的 1：400 万《中华人民共和国地形图》绘制。

十七、附录有：《中国历史纪年表》、《中华人民共和国行政区划简表》、《常见组织机构名简称表》、《中国少数民族分布简表》、《世界国家和地区简表》、《世界货币名称一览表》、《计量单位表》、《基本常数表》、《天文数据表》、《国际原子量表（1997年)》、《元素周期表》、《汉语拼音方案》、《国际音标表》。

十八、本书于1997年12月底截稿。截稿后所有变动，只在时间和技术容许的条件下酌量增补或修改，一般不作补正。

第五节 《古汉语常用字字典》

一、《古汉语常用字字典》简介

《古汉语常用字字典》是在1974—1975年编写的。1979年由商务印书馆出版。此书是为了帮助初学古汉语的人掌握古书中常用词的常用义而编写的，担负主要编写任务的是北京大学中文系的王力、岑麒祥、林焘、戴澧、唐作藩、蒋绍愚和商务印书馆的张万起、徐敏霞。当时参加编写工作的还有北京大学中文系汉语专业的一些老师和学生，以及北京齿轮厂等单位的一些工人。

这本字典共收古汉语常用单字3700多个，双音词2000多个（一般排列在第一个字的字头下，如第一个字字典未收，就排在第二个字的字头下)。另外还附有《难字表》，收难字2600多个，难字只有注音、释义，没有例句。

王 力

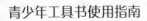

这本字典释文义项简要，语言精练通俗。全书具有以下特点：

第一，注意到字义的历史发展，词义的解释顺序是先本义后引义，而后假借义、比喻义。

第二，释文吸取了训诂学"浑言"、"析言"分析字义的方法，注意到一些字在意义上有"泛指"、"特指"的不同。

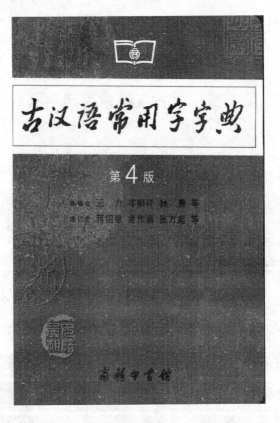

《古汉语常用字字典》

第三，除解释本字的意义外，还对一些同义词进行辨析。另外，书证中的难字难句，附文作注，为读者提供方便。所以此书虽然规模较小，却能解决初学古代汉语的人所遇到的绝大部分语词方面的问题。

此书用简体字按音序编排。书前有《汉语拼音音节索引》、《部首检字》，书后附有《古汉语语法简介》、《我国历代纪元表》。

《古汉语常用字字典》是新中国成立后第一部用现代语言学和辞书学观点、方法编写的古汉语权威字典。它是在王力主编的《古代汉语》"常用词"的基础上编写的，《古代汉语》"常用词"的编写原则和体例都为字典所遵循和沿用。字典初稿的绝大部分条目也都经过王力先生审定。由于多数编写者既是著名语言学家，又是来自古汉语教学第一线的教师，所以字典编排十分符合古汉语学习者的需要。它的释义权威，审音准确，例句精当，难懂例句附有注解和串讲，设有"注意"、"辨析"等对疑难字词加以提示辨析。1995 年，《古汉语常用字字典》荣获首届中国辞书奖一等奖。

这本字典有一定的特色并受到读者的欢迎，是和王力先生的指导分不开的。

但在当时，由于历史条件的限制，王力先生未能系统地审定全书，在字典初稿中有不少错误、不妥和粗疏之处。1976 年以后，对初稿进行过一次修改。当时字典编写组已经解散，修改工作主要由蒋绍愚担负。但这次修改只是改正了字典中较明显的错误、不妥和粗疏之处，未能作较彻底的修改。

二、历次版本

（1）商务印书馆，1979 年第 1 版。

（2）商务印书馆，1993 年第 2 版。

（3）商务印书馆，1998 年第 3 版。

（4）商务印书馆，2005 年第 4 版。

三、推荐版本

商务印书馆，2005 年第 4 版。

第 4 版增订工作包括增补字条和修改原有字条，主要有以下几方面：

（1）增补字条。原字典正文中的字头 4200 多个全部保留；取消原字典的《难字表》，《难字表》中的字头加以选择，僻字删除，比较常用的字约 1800 个，增加例句，收入正文；另增补原字典正文和《难字表》中都没有收录的常用字 400 多个，写成字条，统一按音序编排。第 4 版共收古汉语常用字 6400 余个（不包括异体字）。

在增补字头的过程中，参考了《十三经》和《史记》的字频表，在确定哪些字常用、哪些字不常用的时候有一个比较客观的依据。《十三经》和《史记》中没有的字，也就是东汉以后产生的字，如果不是很常用或者常用但古今意义没有差别，一般不收。

（2）调整义项。遵循原字典关于义项的取舍和分合的原则，对每一字条的义项认真推敲，有不够妥当的就加以调整。义项取舍的原则是：重要的义项不能遗漏，较僻的义项不予列入；不是文言文中的意义一般也不列入。

（3）改正注音和释义。重新审定了注音和释义。原字典（包括正文和《难字表》）中的注音和释义总体上是准确的，但也有个别不当之处，这次增订加以改正。

这次增订在注音方面做了一项较大的改动：注音符号全部去掉，只用汉语拼音。标注直音字的方法也做了一些改变：①在音项下，原则上仍然既用汉语拼音又用直音字标音，但如果找不到和被注字的中古音韵地位基本相同的直音字则不用直音，如果是一个通假义，后面已经有了"通某"，也不再用直音。②在双音词条目中以及在例句中为字注音时，只用汉语拼音，不用直音。这样做，是考虑到目前汉语拼音已非常普及，绝大多数读者都可以根据汉语拼音读出字音来，所以，直音只作为一种辅助的注音方法。

（4）调整例句。第4版选用例句的原则是：例句要和释义准确对应，而且尽量选用时代较早、典型性强、明白易懂的例句。根据这一原则，对原有的一些例句做了更换。为了帮助读者理解例句，在有的例句中适当地加注音释义或串讲，这是本字典的一个特色，这次增订仍然保持了这一特色，但考虑到今天读者的古文水平比20年前高，所以第4版例句的注音释义或串讲适当减少了。

（5）这次增订对异体字、简化字等也做了进一步的规范。

（6）附录对原有的《中国历代纪元表》做了修改，并增加了《古代汉语语法简介》、《怎样学习古代汉语》两部分内容。

此外，第4版的初稿完成后，还请北京大学中文系的部分学生将全部例句与原书作了核对，以保证书证的准确可靠。

这次增订工作是从1999年6月开始的，增订工作由蒋绍愚负责，承担增订工作的是蒋绍愚、唐作藩、张万起、宋绍年、李树青5人，此外还有一些同志参加资料收集等辅助工作。增订工作在2004年6月底最后完成，前后历时5年。

第六节 《英汉大词典》

一、《英汉大词典》简介

《英汉大词典》是中国首部由英语专业人员自行规划设计、自订编辑方针编纂而成的大型综合性英汉词典。

1975年，周恩来总理抱病批发了国务院［1975］137号文件，该文件正式下达了当时我国规划内的最大双语工具书的编纂任务。1987年，《英汉大词典》被列为国家哲学社会科学"七五"（1986—1990）规划重点科研项目之一，复旦大学、上海外国语学院、上海译文出版社、上海师范大学、华东师范大学、华东化工学院、同济大学等30个单位的百余名英语专业工作者先后参与编写，历经十数年的艰辛劳动，1989年《英汉大词典》上卷完工，1991年9月，全书首次出版发行。

该书收词20万条，设附录14种，共约2000万字。语词条目外注意收录人名、地名、组织机构名，注意收录历史事件、神话典故、宗教流派、文化群落、风俗模式、娱乐名目、技术门类、产品商标及自然科学和社会科学各科的专业术语，力图容纳尽可能多的百科信息，在确保各方面和多层次实用性的同时，努力提高内容的稳定性和趣味性，即不使人事和时势的变迁影响词典的有效生命周期，不让陈腐的学究气窒息读者活泼的释疑解惑的求知欲。每个词条都附有国际音标注音、词性、释义、例证、习语和词源等项目。其特色为：收词丰富精当、释义准确完备、例证可靠有据、词源简明确凿、注音求真实用。

《英汉大词典》顺应20世纪60年代以来国际辞书编纂重客观描述的大趋势，在收词、释义、举例、词源说明等方面都侧重客观描述各种不同品类的英语以及英语在不同文体和语境中实际使用的状况，并如实记录词义及词形在源流动态中的递嬗变化，尽量避免做孰优孰劣的评判和孰可孰不可的裁断。

《英汉大词典》先后在海内外共出版4个版本，即大陆双卷本、大陆缩印本、台湾繁体字本和香港繁体字缩印本，是一部社会效益和经济效益俱佳的大型双语工具书。它出版以来多次获奖，受到海内外专家学者的高度评价，并已成为联合国翻译人员的必备工具书。《人民日报》、《光明日报》、《解放日报》、《新民晚报》、《文汇报》、《辞书研究》、《外语教学与研究》以及港台等地多种书刊均曾撰文介绍这部词典。

《英汉大词典》出版以来，先后获得第四届中国图书奖一等奖（1990年）、上海市1989—1990年度优秀图书特等奖（1992年）、第一届国家图书奖一等奖（1994年）、上海市哲学社会科学优秀成果奖（1986—1993）和特等奖（1994年）、全国普通高等学校首届人文社会科学研究优秀成果奖一等奖（1995年）、国家社会科学基金项目优秀成果奖一等奖（1999年）等。

著名语言学家吕叔湘先生说："《英汉大词典》的编者们兢兢业业工作了十多年，完成了一项重要的文化基本建设工作，实属难能可贵。"著名语言学家陈原先生说："《英汉大词典》是一部高质量的双语词典，可以称为我国当代内容最丰富、规模最大的英汉词典。"北京外国语大学王佐良教授认为："《英汉大词典》的出版表明我国双语词典

的编写达到了新的高点。"台湾辞典专家苏正隆先生撰文评论说："《英汉大词典》是目前坊间规模最大、质量俱佳的案头英汉工具书，其博采群籍、自行发掘新词新义方面所下的功夫，令人敬佩。"香港作家董桥以"不可一日无此君"为文题向海内外荐介《英汉大词典》。英国《牛津英语词典补编》的主编伯奇菲尔德博士认为"这是远东最好，也是世界范围内较好的双语词典之一"。北美辞书学会的词典专家托马斯·克里默先生也称《英汉大词典》"具有超世纪的生命力"。

《英汉大词典》以独立研编（而不是译编）为工作的指导方针，自建第一手资料语库，博采英美百余种英语词典和其他工具书（详见其主要参考书目）之所长，有选择地利用前人的文化积累，体现了国内英语语库建设和学术研究的成果和水平。

二、推荐版本

上海译文出版社，2007 年第 2 版。

从 2001 年起，上海译文出版社用 5 年时间对出版已有 10 年的《英汉大词典》进行全面修订，主要任务是针对硬伤勘误纠错，更新专名和术语的信息，增补英语新词、新义、新用法，同时对词典的微观结构进行改进性修订。复旦大学教授陆谷孙主编并领衔这次修订。全新的《英汉大词典（第二版）》于 2007 年春季出版发行。

全书共收词 22 万多条，比原版新增词义 2 万多条。像"彩信"、"禽流感"、"红丝带"等新式用语，"博客"、"播客"、"帖子"等一些网络新词均被收录其中。源出汉语的一些英语外来词也首次被收入《英汉大词典》，如"四人帮"、"普通话"等等。原版中的一些释义，在新版中更接近习惯用语。原版中的"携带式活动电话"变成了"移动电话或手机","皮杂饼"改成了"比萨饼",如此等等,无一不体现出时代的新气息。还有些新词、新义、新例,即使是最有影响的《牛津词典》,也没有收进。

《英汉大词典》第2版

书的附录部分新增《英语网络缩略语及常用符号》、《国际常用形态符号及其意义》等内容,实用性很强。

第六章　电子工具书和网络工具书

第一节　发展趋势

随着信息科学技术的发展，编制技术日益现代化，工具书的载体形式也在发生着巨大的变化。1983 年，美国研制了第一部 CD‑ROM 版工具书，使工具书的载体形式更加丰富多样。以往依靠传统工具书的单一检索方式正在逐渐发生改变，电子工具书、网络工具书纷纷出现，以更新的面貌、更多样的检索方式，成为人们查询信息的新选择。

所谓电子工具书，就是人们利用光、磁等材料作为存储介质，将某一方面或多方面的材料汇集编著并根据特定的方法加以编排，以便人们利用计算机进行检索查考文献信息的集合。早在 20 世纪 60 年代，加拿大先知式的媒体学者马歇尔·麦克卢恩就预言说，印刷书将会过时，电子媒体将会大行其道。今天，印刷书虽然并未过时，电子书的时代却已悄然降临，并且正在使当代教育发生天翻地覆的变化。

在纸质工具书的时代，学习者能够配备一两本基本的工具书就已经不容易了。如果想配备比较权威的好的工具书，则不仅需要花费较多的金钱，也要忍受笨重的工具书携带上的不便。由于价格昂贵和携带不便，一般学习者对于很多必需的工具书比如大部头的词典等只能忍痛割爱。许多本来应该随身携带、随时查阅的工具书，只能由图书馆进行购置，存放在离读者较远、需要阅览证才能入内，而且下班时间和节假日都不开放的工具书阅览室里。因此，学习者受到学习资源匮乏的限制，无法得到真正的学习自由。

在电子工具书时代，学习者在学习资源上正在真正地走向自由。这种自由的最显著表现就是大多数人都可以以较低的价格，较方便地购买和使用重要的学习资源——大量的重要学习资源甚至都是免费的。以国产电子词典《金山词霸2007专业版》为例，它在"70个专业领域"收录了中、日、英三种文字的"150本权威词典，28种常备资料"。如此之多的权威词典，以往是不太可能为任何个人所收藏；即使个人有能力收藏，携带和查阅起来也十分困难。而在今天，一部笔记本电脑就可以通过价格低廉的《金山词霸》软件将这些权威词典轻松地带到世界上的任何一个角落；通过网络查词功能，使用者甚至无须携带任何软件或者硬件，就可以利用任何一个地方的网络终端，方便地使用多种词典。

除了电子工具书，网络上还有许多免费的网络工具书，供读者使用。如中国青创数据的"在线工具书大全"，中山图书馆与北京超星公司合作建立的"中文工具书参考咨询系统"，网络版的"中国期刊网"中的题录数据库和题录摘要数据库等都可在网上免费使用。此外，中文搜索引擎"百度"、"雅虎"，外文搜索引擎"谷歌"、"infoseek"等免费电子工具书，读者也都可以免费使用。读者在利用中外搜索引擎时，只要掌握各搜索引擎的搜索技巧与方法，均能方便、快捷地找到自己所需的信息，如利用"百度"搜索"电子工具书"的网站，只要在检索输入框中输入"电子工具书网站"，0.059秒后就能得到442万个结果。

由于电子工具书和网络工具书具有许多明显的优点，因此有着迅猛的发展势头。其中，检索工具书的网络化发展比较规范和成熟，国内外涌现出来的受到普遍欢迎的各种综合性和专业性数据库就是很好的例证。而百科等参考工具书的网络化发展速度稍慢，但是也很惊人，在国外，不列颠百科全书网络版在其供免费查阅的头一周内，查阅人数超过1000万人次。纸质工具书有如此骄人成绩恐怕不可能。

在国际互联网和计算机数字化信息处理技术飞速发展的网络时代，传统纸质工具书数字化上网和数字化工具书的开发与利用越来越受到人们的重视。电子工具书和网络工具书的普及和广泛应用，将是不可阻止的大趋势。

第二节　主要特点

与传统的纸质书相比，电子工具书和网络工具书具有如下优点：

1. 体积小，便于收藏和利用

电子工具书具有体积小、便于收藏的特点，如传统纸质的《中国大百科全书》全套共有74卷，需一个书架来放置，而电子版《中国大百科全书》只有 4 张光盘。包含 3500 余种图书，7.9 万多卷的《四库全书》其光盘只有 150 张。光盘版电子工具书只需购置磁盘阵列等硬件设备及磁盘发布系统等软件，就能将光盘版电子工具书链接在图书馆局域网内，而网络版工具书则更为方便，只要有能上网的计算机，图书馆通过购买网络使用权，便可建立网络版工具书的镜像站点，供 IP 地址范围内用户使用。此外它还可供多个用户同时使用，大大地提高了工具书的利用率。

2. 价格便宜

在价格上，电子工具书也比传统工具书具有优势。例如大不列颠百科全书印刷版价格为 1500 美元，网络版一年的费用只有 85 美元，任何读者都可以申请 14 天的免费试用。在深度开发上，网络工具书能比传统工具书提供更好的便利条件。例如网络版的《汉语大词典》收词 37 万多条，利用匹配检索功能，可以从其电子化的版本中开发出同义词、通假字、异体字、繁体字、成语等专类辞书。电子辞书中检索系统与智能化统计分析系统的结合，使其从传统意义上的单纯检索工具演变成为集检索、统计、分析、评价于一体的信息检索咨询工具。而传统工具书就不具备这种瞬息可就的功能。

3. 内容丰富

电子工具书内容丰富，网络版电子工具书尤其突出。电子工具书就好像图书馆的实体小型工具书室，具备常用的一些工具书。如在线工具书大全，包括字典和辞典、百科全书、类书和政书、目录、索引、年鉴、手册、文摘、表谱、图录等 10 个大类，包含记录约 1200 万条共计 10 亿个汉字，12 亿个西文字符，包含工具书 3300 多本。"中国期刊网"

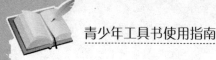

共收录 1994 年以来国内 6600 余种期刊的题录、摘要以及 3500 种期刊的全文。

4. 检索途径多且检索方便

电子工具书与纸质工具书相比最大的优势之一就是检索途径多，检索方法简单、方便。传统中文工具书虽然有众多编纂方法，但是具体到每一种工具书，因为工作量和篇幅的限制，一般是以某一种方法为主来编排正文，配以一两种其他方法为辅助检索手段。这样，一种工具书的检索途径和方法也就两三种而已。而电子工具书一般都具有多种检索途径。电子工具书在一般检索中，还提供二次检索。如一次检索结果太多，可进一步输入检索词缩小检索范围，在本次检索结果中再查，使检索结果进一步精确，从而提高文献的检准率。

此外，电子工具书和网络工具书还提供逻辑组配检索，通过高级检索窗口，一次性地输入多个检索词，检索词之间可用逻辑运算符组配进行复合条件检索，同时还可进行截词检索，扩大检索范围，提高检全率等。总之，用户只要输入拟查找的问题的已知条件就可得到满意的检索结果。如《中国期刊网》就提供了篇名、作者、关键词、机构、中文摘要、引文、基金、全文、中文刊名、ISSN 号、年、期、主题词、篇名/关键词/摘要、第一作者等 15 种检索途径，可用逻辑运算符"逻辑与""逻辑或""逻辑非"进行逻辑组配，实现复合条件检索。同时检索类型也可以选择"精确检索"与"模糊检索"。在其高级检索结果中，还提供了聚类检索：同类文献、引用文献、被引用文献等检索途径。同类文献提供了按类聚集的文献，相当于提供了按分类途径检索的检索结果；引用文献提供了按追溯法进行检索的检索结果；被引用文献提供了按引文检索途径进行检索的检索结果。纸本《全国报刊索引》只提供分类、作者与题名3种检索途径。而光盘版《全国报刊索引》提供了分类、题名、著者、单位、刊名、年份、主题、文摘、全字段等9种检索途径。相比之下，电子工具书无论是检索途径还是检索方法都比传统纸质工具书既多又好。

同时，电子工具书的检索可以实现根据相关度和出现时间、出现次数等进行排序的功能，这对于我们的研究很有帮助，可以实现一定的统计功能，看出某一研究内容的焦点和走向，获得总体的把握。

5. 更新周期短和检索内容新

传统纸质工具书编纂印制都要花费大量的人力、物力，大型词典、百科全书的修订，一般都需要十几年的时间。如中型的《现代汉语词典》始编于1958年，1978年才正式出版，1983年出第2版，1996年修订第3版。而电子工具书内容更新方便，复制简单，更新速度快捷，更新周期较短。如网络版的"中国期刊网"其更新周期为1天。国外有些网上数据库检索工具书已经实现了数据的瞬时加载更新。

然而，电子工具书和网络工具书也有自身的不足，它们必须借助计算机（或阅读器）才能阅读，这就需要一笔经费投入。不同版本的电子工具书，对运行环境有不同的要求，也会对阅读带来不便。另外，阅读电子工具书和网络工具书对视力的影响也比较大。

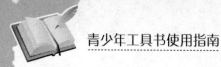

传统工具书与网络工具书的基本比较

	长处	不足
传统工具书	1. 查准率、查全率高 2. 可信度、权威性高 3. 稳定性高 4. 符合目前的阅读习惯	1. 资料的关联能力较差，无法对某一资料进行详细的分析和研究 2. 价格较昂贵 3. 搜索途径和方法受限，便捷性不够 4. 一般比较笨重，使用不便
网络工具书	1. 内容方面：信息量大，内容涵盖广，更新及时迅速 2. 检索方法方面： （1）互动性（web2.0） （2）便捷性 （3）易操作性 3. 成本方面：潜在的绝对优势价格	1. 内容方面：查准率、权威性差（部分） 2. 网络方面：稳定性较差，如相关网站的建设不够成熟、运行不够稳定、网速的制约等等 3. 编辑技术上：文字平台有待发展，如生僻字可能无法体现，又如信息分类体系不统一，类名不规范，分类缺少提示，无分类代码等等 4. 具体使用中：干扰信息多，对检索技巧有一定要求；一次性投入成本大

通过上面的比较，我们可以发现，两种查询方式是优势互补的，这也就意味着在网络检索工具蓬勃发展的今天乃至今后，传统工具书依然会有活跃的舞台。未来，传统工具书与电子工具书、网络工具书加强合作，使各自都发挥出自身优势，将是一个必然的选择。

第三节 电子工具书举要

由于现今科技高度发展，计算机、网络得到急速普及，这也让工具书的制作出现新的风貌。电子书（E－book）、电子字典、辞典以及网际网络的发展应用，除了可以处理大量的信息外，还让人们查询资料更为快捷便利，完全不受时空的限制。

为了阐释电子工具书的基本特点，我们从词典、百科全书、类书、年鉴等类型的中文电子工具书中各选一种进行介绍，以见其大概。

一、《汉语大词典》光盘1.0版

汉语大词典出版社、商务印书馆（香港）有限公司1998年出版。

印刷版的《汉语大词典》共13卷（其中检字表及附录1卷），罗竹风主编，上海辞书出版社1986年出版第1卷，汉语大词典出版社1988年起出版第2卷及以后各卷。这是一部"古今兼收，源流并重"的大型语义词典。收词目37万条。

光盘收入了《汉语大词典》印刷本的主要内容：29920个单字，346000条复词，23669条成语，511000项字、词解释，29920张字信息表（光盘新增项目），每张表含13项汉字信息。10368张关联字表（光盘新增项目），提供7项关联信息。

光盘1.0版是基于视窗95（简体中文版）开发的，将印刷版的绝大部分内容浓缩在一张光盘上，查询项目分字、词、成语三大类。

单字的查询，可以直接输入汉字查询，也可以通过部首、音读、笔顺等查询。每个单字均可发声（可选择女声或男声）。

词和成语的查询，可以直接输入词条、成语查询，也可以通过词条首字的部首、音读、总笔画数查询。

直接输入词条时，可以加"通配符"（？或＊）进行匹配查询。"？"代表一个汉字，"＊"代表一个或多个汉字。

例如，输入"爱？"，可以查得"博爱"、"偏爱"、"割爱"、"敬爱"、"恩爱"、"错爱"等一连串双音节词；如果输入"爱＊"，除了查得上述双音节词之外，还可查得"屋乌之爱"、"洁身自爱"、"相连爱"等多音节词。

又如，输入"雷＊耳"，可查到"如雷贯耳"、"迅雷不及掩耳"、"疾雷不及塞耳"等等。

但是，光盘1.0版将印刷版各词条的例证（书证）删去，是一个重大缺陷。

二、《中国大百科全书》图文数据光盘

北京东力鼎电子有限公司制作，中国大百科全书出版社1999年1月出版。

印刷版的《中国大百科全书》是我国第一部大型综合性现代百科全书，姜椿芳任总编辑，中国大百科全书出版社1980—1993年版，共74卷（册），收条目77859个，计12568万字，图片近5万幅。

图文数据光盘共有光盘24张（第24张为总索引）。该光盘采用超文本数据库结构来揭示各条目之间的逻辑关系，相关条目之间可跳转检索。读者可将查得之内容保存或打印。

另有《中国大百科全书》光盘1.1版（2000年10月版），共4张

光盘，内容同上，但不能将查得之内容保存和打印。目前已出版1.2版，更新了局部内容，并可打印。

三、《古今图书集成》图文数据光盘

清代康熙、雍正间编印的《古今图书集成》，是我国现存最大的古类书，海外学者称之为"康熙百科全书"。全书1.6亿字，篇幅相当于《不列颠百科全书》5倍多。《古今图书集成》分门别类地辑录了上古到明末清初大量的文献资料，引书达六七千种，有重要的参考值值。

广西金海湾电子音像出版社、广西师范大学出版社1999年出版的《古今图书集成》光盘，全套28张（含索引盘1张），以图形版形式再现《古今图书集成》的最初版本——雍正六年武英殿铜活字本的面貌。索引盘包括30多个子库，如：人物传记数据库、药方数据库、动物数据库、植物数据库、食品数据库等。

四、《中国出版年鉴（1980—2000）》光盘

印刷版《中国出版年鉴》创刊于1980年，截至2000年，共计21年，20册（其中1990—1991年度合一册），逐年反映图书出版情况与出版界大事。

《中国出版年鉴（1980—2000）》光盘版由北京金报兴图信息工程技术公司研制，中国出版年鉴社出版，将20册《中国出版年鉴》近4000万字的资料压缩在一张光盘之中。

读者可以点击"分类检索"与"专题检索"的菜单进行浏览，也可以选择标题、作者、正文等检索范围，在"检索内容"框内输入检索词进行检索。

该系统还提供"词频"统计功能，读者可以设定词频，以便控制所检文献之切题程度。

第四节　网络工具书举要

一、专科性工具书

1. 汉语言文学工具书

（1）汉语读音查询字典。

【网址】http：//www. 51windows. net/pages/pinyin. asp

（2）在线新华字典。

【简介】提供在线字、词读音、释义等的查询。

【网址】http：//xh. 5156edu. com/

（3）中华在线词典。

【简介】目前共收录了 12 部词典中的汉字 15702 个，词语 36 万个（常用词语 28770 个），成语 31922 个，近义词 4322 个，反义词 7691 个，歇后语 14000 个，谜语 28071 个，名言警句 19424 个。

【网址】http：//www. ourdict. cn/

（4）汉典。

【简介】共收录诗词 3196 篇，提供诗词选择和诗词搜索两种功能，可按诗人、朝代、诗体格式、标题、内容字段检索。

【网址】http：//www. zdic. net/

（5）唐诗宋词三百首。

【简介】主要特色是提供唐诗宋词的中英文对照。

【网址】http：//www. shiandci. net/index1. htm

（6）成语词典。

【网址】http：//www. kingsnet. biz/asp/chengyu/index. asp

（7）成语大全。

【网址】http：//www. guoxue. com/chengyu/CYML. htm

2. 数学工具书

华东师大网上对谈式数学服务站。

【简介】这是个内容丰富、功能强大的数学网站，你能通过它查询有关的数学课本，回答数学习题，进行各种复杂计算，画出曲线和曲面，以及几何作图、因子分解、数学游戏、虚拟教室等等。每个数学工作者和爱好者都会在其中发现自己感兴趣的内容。

【网址】http：//wims. math. ecnu. edu. cn/

3. 英语工具书

（1）金山词霸在线词典。

【简介】中国自主开发的最权威的电子词典，支持英汉、汉英查询大量专业词汇。

【网址】http：//push. cb. kingsoft. com/index. htm

（2）英汉、汉英在线字典。

【简介】有多种字典及资源以供选择，包括：英汉字典、汉英字典、托福/GRE 词汇、GRE 词汇测试、联机文档及网上资源。

【网址】http：//www. tigernt. com/

（3）剑桥高级学习词典。

【简介】主要用来查单词用法。

【网址】http：//www. dictionary. cambridge. org/

（4）朗文网上词典。

【简介】朗文词典的线上版本，包括 207000 个单词和词组，单词提供发音和例句。还有教师资源、学生资源链接。

【网址】http：//www. ldoceonline. com/

（5）牛津高级学习词典。

【简介】查找单词和词组，该词典还提供单词练习，最新新闻人物和事件文章，3000 个常用的词汇，这些词汇是由语言专家和有丰富教学经验的教师精心挑选出来的。

【网址】http：//www. oup. com/elt/catalogue/teachersites/oald7/？cc＝cl

（6）洪恩双语词典。

【简介】"洪恩在线"提供中英文双向智能词典。使用时需在"洪恩在线"主页面上方点击"双语词典"栏目，即可进入该词典页面。在词典页面下方的搜索框中输入中文或英文，进行搜索。如输入中文，可列出相应的多个英文单词，点击任一英文单词均可提供该词的"简单词义"、"详细词义和例句"、"词组"、"同义词"、"反义词"。如输入英文，则可直接提供以上结果。

【网址】http：//www. hongen. com/eng/study/exam/index1. htm

（7）汉英字典。

【简介】查中文字的拼音、中英文翻译字典，可以给中文字加上拼音等。

【网址】http：//www. mandarintools. com/

4．历史工具书

中国历代纪年表。

【简介】中国历代帝王纪年表和历代帝王年号索引。

【网址】http：//www. guoxue. com/tools/tool. htm

5．地理工具书

中华地图网。

【简介】可以查看、下载全国各省、市、地区的详细电子地图。

【网址】http：//www. hua2. com/

6．音乐工具书

音乐百科词典。

【简介】是介绍中国和世界音乐的知识性网站，其中包括中外音乐家、乐器、作品、理论和表演术语、音乐学、表演团体、教育机构、著名乐器制作公司和音乐出版社等等。共收词 6600 余条，为你全方位地展现中西方音乐的全貌。要注册成会员才能浏览全文。

【网址】http：//pedia. 21cnmc. com/ArticleList. aspx？TID＝7993

7．法律工具书

法学家名录。

【简介】可以检索到全国各地法学界名人概况及主要科研成果目录。

【网址】http：//www. law－lib. com/fxj/

二、综合性工具书

1．百科全书

（1）中国大百科全书网络版。

【简介】中国大百科全书网络版以《中国大百科全书》和中国百科术语数据库为基础，向局域网用户提供在局域网范围内检索使用的《中国大百科全书》，共收条目 78203 条，计 12568 万字，图表 5 万余幅。内容涵盖了哲学、社会科学、文学艺术、文化教育、自然科学、工程技术等 66 个学科领域。

【网址】http：//202. 112. 118. 40：918/web/index. htm

（2）《大英百科全书》在线版本。

【简介】供全球网民免费查阅。

【网址】http：//www. britannica. com/

（3）大不列颠百科全书电子版。

【简介】在保留原百科全书的质量和特点的基础上，又增加了许多新的功能，如：功能强大的检索功能和按照主题字顺排列的浏览功能，互联网指南（由百科全书的编辑们搜集、选择和推荐一些最好的互联网站点），以及一些选自顶尖杂志和报纸上的文章等。该工具书两周更新一次，需付费使用，但任何读者都可以申请 14 天的免费试用。

【网址】http：//www. eb. com/

2. 字典词典

（1）在线工具书大全。

【简介】提供多种英语词典和汉语词典在线查询，部分内容可在线阅读，注册成会员后才有权阅读全文解释。

【网址】http：//tool. qcdata. cn/

（2）郑州大学在线英汉、汉英科技大词典。

【简介】词典固定词库中现收录英汉科技词语 750269 条，汉英科技词语 744542 条；自定义词库中现有词语条。

【网址】http：//www3. zzu. edu. cn/zzjdict/

3．指南手册

（1）中华人民共和国国家统计局的各种数据。

【简介】介绍国家统计公报、统计数据、统计分析、统计动态、统计法规、统计管理等内容。

【网址】http：//www. stats. gov. cn/

（2）中国科技统计信息。

【简介】设置科技评估与统计工作、国内外动态、统计报告、数据概览、分析与研究、统计业务等栏目。

【网址】http：//www. sts. org. cn/

4．机构名录

中国网上 114。

【简介】按地区、行业和单位名称、单位地址等途径检索到全国许多企事业单位的邮编 、地址、人员情况、电子邮件、产品服务等信息。

【网址】http：//www. china－114. net/

附录　各类传统工具书举要

一、字典

《说文解字》，作者为东汉许慎。原书已经残缺，五代时期南唐的徐锴将它整理注释，名为《说文系传》，世传"小徐本"。徐铉（徐锴的哥哥）也单独对《说文解字》作过审定、整理，所成之书被称为"大徐本"，即现在通行的名为《说文解字》本。它是中国古代首部流传至今具有系统性的字书，是阅读、研究古代文献的必备工具书。全书辑录篆字9353个、重文（古文、籀文等异体）1163个，依文字的偏旁结构分为540个部类，创立了系统的汉字部首分类排检方法，保存了不少先秦时期的字体与汉代以前的古字音古字训等。

《说文通检》，作者是清末的黎永椿。书中的内容分三大部分。第一部分为卷首，将《说文解字》540部的篆文部首改为楷书，以楷书笔画顺序排列，供检索部首字在《说文解字》的那一卷使用。第二部分为正文，也把各个单字的篆文改为楷书，各部内的各条首字以楷书笔画排列，并注明是本部原来第几个字，其他仍按《说文解字》的卷数、结构、部首次序等体例编排。第三部分为卷末，收录的是一些难检的字，不分部类，一律按笔画顺序排列。查字比《说文解字》更方便。但是，若不知所检之字在《说文解字》中的哪一个部或不熟悉篆、楷两书的形体变化，想查到也难。遇到此问题，拟先使用中华书局的新版《康熙字典》（书眉上有篆字）、《中华大字典》（一般都注明了某字在《说文解字》内的哪一个部）。

《说文易检》，作者是清末的史恩飍。编纂体例与《说文通检》相似，分三个部分。第一部分为部目，把540个部首以楷书笔画排列，并注明卷数与部首次第、附原来的篆文，有利于检索。第二部分为正文，各个楷字下标注篆字与说明（节录《说文解字》原文），利于对照理解；其他内容的安排体例与《说文通检》相同。第三部分为卷末（也名"附卷"），录的是难查字和俗字。所谓难查字，是指不易分辨应归为哪一个部首的字或篆书部首与楷书部首不一致的字等。而所谓的俗字，指的是《说文解字》内没有，后世却通用、以纳入《康熙字典》之中的字。卷末字，都先以原部首分类，再将各部所属之字以笔画排列。全书内容比《说文通检》体例更完善、内容更充实、检索更方便。

《说文检字一贯三》，署名作者是"三家村学究"。书中的每一个字条下，都标注三行索引，即清朝人朱骏声的《说文通训定声》索引、段玉裁的《说文解字注》索引、《经籍籑诂》索引，故名"一贯三"。书前有总目，按《康熙字典》的次序排列部首，并分为12集。卷末录《说文解字》内的"重文"字与一字有多种写法的字。书眉上加注说明《说文解字》内没收且同楷书体有出入的字。若某一字在三种索引内有一种没收，就在此字下的有关标注行内留出空白，有清晰感。

《金文编》，是一部金文字典，从历代出土的3000多件殷、周青铜

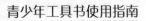

器的拓本、影印本中录金文18000多字，1925年出版，1959年增订，由科学出版社出版；《金文续编》，石印本，作者容庚。《金石大字典》，所收的是籀文、古玺印文、古文等各种金石文字，对每种字体均标明出处，汪仁寿辑编，上海求古斋发行。《古籀汇编》，辑录的是籀文、甲骨文、古金币文、古陶器文等各种金石文字，标注古今文字学家对文字的考释。

《切韵》，是中国首部解决字音、字义方面的工具书；全书5卷，散佚，有几种残本；经近代专家考订，有平声54韵、上声51韵、去声56韵、入声32韵，总计193韵，注释简略；作者为隋代陆法言。《刊谬补阙切韵》，有写本传世，王仁煦著。

《唐韵》，是在《切韵》的基础上增订而成的，已散佚，有写本残卷传世，作者是唐朝的孙愐。

《广韵》，录26194字，分平声57韵、上声55韵、去声60韵、入声34韵，总206韵，5卷。各字头下，先释字义，后标字音。全名《大宋重修广韵》，是北宋时期的陈彭年等人在《唐韵》的基础上整理增订而成的，为国家现存最完整、使用率最高的一部古代韵书。

《集韵》，10卷，内分平声4卷，上、去、入声各2卷，206韵，录53525字，各字头下标注其形、音、义，中华书局的《四库备要》本较通行。

《洪武正韵》，16卷，是明朝洪武年间的乐韶凤、宋濂等人奉命编纂的，将全书内容分为76个韵部，字音上，兼顾到南北方的口语，成为明朝作家创作南曲（含传奇与散曲）的常用工具书。

《音韵阐微》，18卷，依"诗韵"的106韵部编辑，各韵部中的字按 36 字母次序排列、是原《广韵》、《集韵》中的都予以说明，规定了各字的反切上下字，反切前新标反切注音"借用"、"今用"、"协用"、"合声"等词，便于理解，是清朝的李光地、王兰生等人于康熙五十四年（1715 年）辑编、至雍正四年（1726 年）完成的一部韵书，书中的反切给单字标音，作用较大，为后来的《辞源》、《辞海》等所采用。

《同音字典》，中国大词典编纂处编，商务印书馆出版。书中收字 10500 多个，按北京音系标准，以注音字母顺序，将同音字分别集中汇总，为单字立目注音，故书名《同音字典》。此书所收的语汇较多，达 30000 多个。字、词中，除有现代常见的，也还有古代的一些比较冷僻的。在字的注音上，还标明各地方音与北京音的区别，对不同地区的读者使用较为有利。立目的单字，均用手写楷体，后注繁体、异体、简体，下释字义，再举该字可以组成的词、短语等予以说明。对常用字、词解释较详细，古代生僻的字、词解释较简单。书前有"音序表"，同时还为不知字音而知字形者附上了"笔画检字表"，增加了检索途径，方便了使用者。

《康熙字典》，是由清王朝召集的一些学者，在张玉书、陈廷敬等人的主持下，历时 6 年（1710—1716）编纂而成的中国首部以"字典"命名的字书，作为当时科举考试书写字体的法定标准。其在学术界的影响不言而喻。有人逐字查对书中收集单字，总数达 47043 个。内容依地支顺序划分 12 集，各集再分上、中、下 3 卷，字按笔画多少列 214 个部（今通行本）及各部内诸字。正文前部有"序"、"上谕"、"凡例"、"等韵"、"总目"、"检字"、"辨似"等项内容，说明编纂情况，后附"补遗"、"备考"置入不通用及冷僻之字。1980 年中华书局对其进行

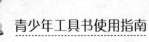

了影印，并将王引之的《康熙字典考证》增附其后。该字典是以明朝梅膺祚的《字汇》与张自烈的《正字通》为基础又补充一些新内容形成的，体例与《字汇》相似，仅在某些地方稍有不同。其缺点是有封建思想观点，引文、引文出处、断句、用字、改字等有不少失误，王引之的《康熙字典考证》校订其"字句讹误之处"达2588条，日本人渡部温的《康熙字典考异正误》指其错误达4700余条，"且多不重复"。以上已说前者纠错之文在1980年影印时附其后。《中华大字典》，徐元诰等人依《字汇》、《正字通》、《康熙字典》兼"仿外国字典之体例"编纂而成，分12集、214个部。同部首的字，依笔画多少排列；对有异音、异训、不同讲法与用法之字，均单立成条目予以解说；日、月、星、辰、鸟、兽、草、木、虫、鱼、衣、冠、钟、鼎之类的字，都绘出图形并作以说明。书前有部首索引、总目、检字表。检字表以笔画为序列字，注明所在集次、页码。书后附补遗与正误表。全书收单字48200多个，校正《康熙字典》中错误2000多条，内有一些古文中不常用的冷僻字。收字比《康熙字典》还多1000多个，增收了一些常用词语，属首创，为后来的字典、词典的编撰指明了方向，具有里程碑意义。参加修纂的约有40人，从清朝的宣统元年（1909年）开始编撰，到1914年成书，历时6年，1915年中华书局出版，是一部比较实用的字典。但书中有的引文错误、注解自相矛盾、引证书名前后不一致等，这是用时必须注意的。

　　《汉语大字典》，该字典编辑委员会著。收单字56000个左右，其中有《康熙字典》的全部单字、《简化字总表》的全部简化字、《康熙字典》中漏收而又见于古文献的汉字和近现代书刊中出现的新字6700

多个。释字条目结构大多数由字头、解形、注音、释义、引证5个部分构成。释义既有旧辞书中的正确义项和漏收义项，也有新出现的义项，例证使用的是古今文献中的实例，"尽量引自始见书"。内容编排使用部首法，分部首200个。

《经典释文》，30卷，唐朝陆德明辑编，内容有《序录》、《周易音义》、《仪礼音义》、《春秋公羊（传）音义》、《孝经音义》、《论语音义》、《老子音义》、《春秋穀梁（传）音义》各1卷，《尚书音义》、《周礼音义》、《尔雅音义》各2卷，《毛诗音义》、《庄子音义》各3卷，《礼记音义》4卷，《春秋左氏（传）音义》6卷。具体内容是为字词注音释义，标注各家不同的注音与训释、说明字体和版本的不同等。它保存了唐代以前有关儒、道二家"经典"中的字音与释义（含已亡佚的资料），可供校刊、考证等用。

《华严音义》4卷，是为佛经中难解难读的字句标音释义的书，作者是唐代僧人慧苑。

《一切经音义》，有两种。第一种是唐朝初期的僧人玄应的《一切经音义》，25卷，又名"玄应音义"、"众经音义"，书中征引了郑玄的《尚书注》与《论语注》、贾逵和服虔的《左传注》、李巡和孙炎的《尔雅注》等汉晋以来各家对秦汉古书的注解。其中有些古籍已经失传，故此很珍贵。第二种为唐朝中期的僧人慧琳的《一切经音义》，100卷，又名"慧琳音义"、"大藏音义"，是在前玄应、慧苑二人著作合并的基础上再进行较大补充而成的。全书征引唐朝以前的著作与佛教经典750多种（若不含佛教经典，也还有250多家的著作），注释佛经1300部、约5700多卷（包括东汉时期应劭的《通俗文》、晋朝吕忱的

《字林》等很多亡佚的字书），是一部难得的字书，曾在中国长期失传，明初从朝鲜传到日本，清末才传回中国。现有日本洛东狮谷白莲寺刊本、东京弘教书院排印的释藏本，上海医学书局印刷，均附辽代僧人希麟的《续一切经音义》。

《经籍纂诂》，106 卷，各卷末附"补遗"，是清朝阮元、严杰、赵坦等约 50 位著名学者，把《十三经》与汉到唐朝（含唐代）的 100 多种字书和经、史、子、集部中主要著作中的旧注，如经部王弼注的《周易》、杜预注的《左传》、史部前四史的旧注、韦昭注的《国语》、子部郭象注的《庄子》、高诱注的《吕氏春秋》和《淮南子》、集部王逸注的《楚辞》、李善注的《文选》，其他的有《方言》、《广雅》，等等，集中于一书。辑录单音词 12000 多个，以单字单词分列条目，按《佩文韵府》的106 韵分成类部，《佩文韵府》中包括不了的字，以《广韵》与《集韵》增补。对各条目，首注本义，次列引申义或假借义。多音字，则分列到相应的韵部，且据字义的不同，作不同的解释。对各字只释义，不注音，只标训诂，不列反切，收各书异文。一个韵部一卷，检索方便。

《同字异读大全》，宋家志著，2001 年当代出版发行有限公司出版，收单字 3000 多个，举例词 10000 多条，是快速了解、正确使用有关字的一部好参考书。

二、词典

《尔雅》，中国首部词典，是古代人为阅读、研究先秦文献内容，解决其中的字义、词义问题而辑编的一部辞书。开始辑编的时间约为秦汉之际，始作者何人，难以考证，后来不断有人增补，于西汉时期成书。东晋时期的郭璞，使用 20 年的时间，对此书进行了注释整理；北宋时期的邢昺等人依据郭璞的注释，又进一步疏解，内容更加丰富，成为比较通行的《十三经注疏》本内的《尔雅注疏》。书中具体纲目分《释诂》、《释言》、《释训》、《释亲》、《释宫》、《释器》、《释乐》、《释天》、《释地》、《释丘》、《释山》、《释水》、《释草》、《释木》、《释虫》、《释鱼》、《释鸟》、《释兽》、《释畜》等 19 个。古代《尔雅》的影响较大，出现了不少模仿之作，其中被后世使用较多的有东汉末年刘熙的《释名》（也名《逸雅》）与魏张揖的《广雅》，前者是仿《尔雅》的体例，将内容分列为《释天》、《释地》、《释山》、《释水》等 27 个纲目（今本有残佚，原文有些解说不准确。清朝人毕沅的《释名疏证》与王先谦的《释名补证》可供参考），后者是完全依照《尔雅》的纲目，再增补汉朝以前的字书及汉儒笺注中的内容（原本 3 卷，后分 4 卷，今分 10 卷，而内容有缺失，原文有些内容也不完善；清朝人王念孙的《广雅疏证》解说详细，可供参考）。对《尔雅》注释的著作也很多，被读者使用较多的有清朝邵晋涵的《尔雅正义》、郝懿行的《尔雅义疏》等。

《方言》，作者是西汉末年的文学家扬雄。它是中国首部专门解释方言的辞典，今本有 13 卷，收的是西汉时期长江与黄河流域、东北部分地区的方言。书中的卷 1、2、3、6、7、10、12、13 是普通词语，卷 4 是衣服装饰名称，卷 5 是用具、器物名称，卷 8 是动物名称，卷 9 是车船、兵器名称，卷 11 是昆虫名称，从中可以了解不少古代口语。之后，方言俗语著作不断出现，影响较大的有唐朝颜师古的《匡谬正俗》、宋朝的《释常谈》、龚颐正的《续释常谈》、明朝李实的《蜀语》、清朝杭世骏的《续方言》（2卷，是《方言》的补充书，收的是宋朝以前的方言）、程际盛的《续方言补正》、徐乃昌的《续方言又补》、钱大昭的《迩言》（6卷）、李调元的《方言藻》、翟灏的《通俗篇》（收方言俗语5000多条，逐条释义和引古书考证，分38类卷，商务印书馆重新精装排印，后附清朝人梁山舟的《直语补证》）、钱大昕的《恒言录》（收方言、俗语、谚语、成语800多条，分19类，成书6卷，商务印书馆将此书与陈鳣的补证书《恒言广证》合并出版）等，是研究有关问题的专书。为充分理解这类书中的有关词语，不少学者对此类书进行了释义注解，有晋朝郭璞对《方言》的注解书、清朝戴震的《方言疏证》、钱绎的《方言笺疏》等，科学出版社出版的周祖谟、吴晓铃的《方言校笺及通检》等，可供学习理解使用。

《新方言》，作者张炳麟，收近代的方言俗语800多条，逐条注释、辨析、考证；分《释词》、《释言》、《释亲属》、《释形体》、《释宫》、《释器》、《释天》、《释地》、《释植物》、《释动物》共10个篇目，后附《音表》与《岭外三州语》。全书依古今声韵的变化规律，按"因声求义、以义正声"之法，来探索方言的语源，有利于理解使用。

《古今谚》，明朝杨慎辑编，书中谚语来自古籍与民间的口头传说，有古典文学出版社的排印本流传。

《古谣谚》，100卷，辑录上古到明朝的谣谚（标注有出处和其他信息），作者是清朝的杜文澜，有中华书局重印本流行。

《俗语典》，内容有词语、特殊名词、称谓词、成语、谚语、文言俗语、口语中的习惯俗语等；词语依词头的部首与笔画排列，并注明出处，但不作解释，故有些词语不易理解，作者胡朴安，广益书局出版。

《中华谚海》，书中辑录 34 种谚语文集内的文言谚语、口头通俗谚语、歇后语、成语、词语 12424 条，先依各条的第一字的部首为序分组，各组再按笔画排列，一般不作解释；书前附"检字索引"，方便查找，史襄哉辑编，中华书局出版。

《中国谚语资料》，正文收书面和民间口头谚语 45803 条（标注了产地与民族），另附歇后语 3805 条，各条谚语依第一字的笔画多少为序排列，同笔画者，按起笔顺序编次，一般不作解释，中国民间文艺研究会资料室主编，上海文艺出版社出版。

《中华语汇通检》，2001 年河南大学出版社首批出版 4 卷、1047 万字，分成语、经史子集中的名言警句、名诗句、辞赋词曲中的名句四大类，形成《中国成语通检》、《中国名言通检》、《中国名诗句通检》、《中国辞赋词曲名句通检》四部分，刘占峰主编。书中录商周时期至现代的文献（经史子集、诗文词曲、笔记杂著等）中含义深刻、富有哲理、语言优美的成语 3.4 万个、诗文词曲辞赋中的名句 4.3 万条，对各条成语或名句中的每一个不重复的字，都设立了条目，以古汉语的特点进行注音和释义。各个字的条目下，标注与该字有关的全部成语、名句。检索资料方便，只要能记住某一个成语或某一句名言中的一个字，就能查到由该字组成的所有成语、名句。例如，对某一句名言记不清了，但还记得其中有一个字是"官"，则检索"官"字，含有"官"字的名言、名句、成语会全部出现，供读者辨认。

《中华人名大辞典》，作者臧励和稣等，商务印书馆出版。书中辑录上古到清末的人名达 44777 个，是至今辑录中国人名最多的一部人名辞典。全书依姓氏第一字的笔画为序立目排列，有名无姓者，按名字第一

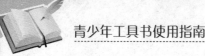

字的笔画为序立目排列；笔画相同时，以字所在的部首先后次序排列。书内附有人的字（别名）、小名、别号、官名、谥号、地名、绰号方面的"异名表"、"补遗"、"姓氏考略"、"中国历代纪元表"和四角号码人名索引，将姓氏与名字的第一字，都标注了四角号码，检索更为方便。

《辞通》，朱起凤编撰，24 卷，开明书店出版，分上下册。书中专门辑录唐朝以前经、史、子、集书中双音词汇近 4 万条。每条后附有释义，引用古书中的例证，标注其字形、字音、词义三者的演变情况。对词汇有字形或读音讹误，或是古体、别体字的，也予以标明。书内的各词条，以词的尾字所在的韵部，按水平韵编次。此书还有附录，辑录了字同而义异、音异的词汇。

《联绵字典》，36 卷，1943 年分 10 册印刷出版，内容与书名不符，专门辑录双音词汇。每一词条均依第一字部首笔画多少排列，并在各条目后注明其双声、叠韵、同声、同音、声近、音近、谐声、对转等声韵上的相互联系，有利于了解古代词汇的声韵。书中有不少为《辞海》、《辞源》所不收的词汇，可供阅读使用古典文学作品时，解决生僻词汇的含义和古代词汇的语源、演变问题之用。

《四角号码新词典》，商务印书馆编，原本为建国之前编成，1950 年出版。之后不断修改。至 1962 年，先后修订 7 次。1973—1976 年继续进行大规模修改，1977 年重新排本，1978 年出版。改动的内容有词语、释义和例句，面比较大。所收的单音字、词由原来的 8800 多个增加到 9000 多个，而复音词语则由原来的 20000 条删到 15000 多条。书中收字以简体字为主，各字注音用拼音字母、注音字母、同音汉字三种方式同时标出。各单字头依四角号码编排。词语释义只用例词、例句，一般不引书证。收词以语文（现代）为主，兼收百科（古词、古义）。书中附有"四角号码查字法"、"新旧四角号码对照表"、"汉字偏旁类推简化表"、"新旧字形对照表"、"音序检字表"、"部首检字表"等，使用极为方便。

《汉语大词典》，该词典编辑委员会与编纂处编著，规模宏大，收单字约 22000 个，词目约 37 万条，5000 多万字，成书 12 卷。编排方法和部首数量与《汉语大字典》相同。书中以单字立目，立目简繁二体字并用，简体字做目的，后括注繁体字，繁体字做目的，则后括注简体字。单字目下分条列出该字组成的词。立目的单字，以笔画顺序排列。各词语条目，则以第二字笔画与起笔笔形顺序排列，第二字相同时，按第三字，以此类推。内容为古今文献中"有文字例证"的词语、熟语、成语、典故等，是了解有关内容价值较高的参考书。

《中国历史人物辞典》，黑龙江人民出版社出版，作者是吴海林、李延沛。收录的是商朝到 20 世纪 80 年代的名人。其中，清朝以前的名人有 5800 多位，数量可观。每一个条目的人名开头均标其所处的朝代、身份、称呼，后注其生卒年、异名、籍贯、职业、官阶、生平、著述、爱好、功过等，内容较为充实，使用方便。

《古今同姓名大辞典》，彭作桢录编，1936 年 3 月好望书店发行。全书辑录上古到 1936 年的同姓名者 56000 多人，姓氏以笔画排列，名字以部首分类，同姓名前编注序号，下标资料出处。到目前为止，此书是辑录同姓名数量最多的一部姓名大辞典。

《中国妇女名人辞典》，作者袁韶莹等。

《华夏妇女名人辞典》，华夏妇女名人辞典编委会编。

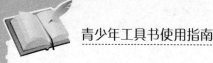

《帝王辞典》，陈全力等人编。

《中国帝王辞典》，老铁等人编。

《中国帝王大辞典》，作者许阳柘。

《中国古今地名大辞典》，商务印书馆从"五四"以前开始编辑，到 1929 年完成出版。所录地名上到远古，下至现代，以地名的第一字的笔画多少为序组列条目，同一笔画的按部首次序排列。书中附有"各县异名表"。新版还附有四角号码法检字索引，检索更加方便。不足的地方是，一些小的城镇等地名没收入。

《中国地名大辞典》，刘钧仁编辑，北平研究院出版。此书以《康熙字典体例》分立条目，地名以第一字笔画多少排列，同笔画的以部首次序排列。各地名标注拼音。书后附地名拼音索引，供查检地名使用。书中不录山名、水道名，只收地名，还辑录了不少的城关堡镇等小地名，可以与《中国古今地名大辞典》互补不足。

三、百科全书

《中国大百科全书》，该书总编辑委员会主编，预计编辑 80 卷（含索引 2 卷），每卷 100 万字左右，中国大百科全书出版社从 1980 年开始陆续出版。内容有哲学、宗教、应用科学、社会科学、自然科学等各种知识领域的新旧科学技术文化成果，是中国第一部综合性的大型百科全书，内设多种检索渠道与检索途径。该书依学科划分卷次，各学科条目按汉语拼音字母顺序排列，卷的前部设有"条目分类目录"，卷后附"条目汉字笔画索引"、"条目的英文索引"、"内容索引"（条目和条目内容的主题索引），是一部治学的好书。

《环华百科全书》，是我国台湾省张之杰等300多位专家学者以美国的《世界百科全书》为范本、参考日本等国的百科全书、结合中国的实际而著成。共21册，120册为正文（收词近16000条、1500多万字、图约2万幅），第21册为"总索引"，内设"笔画索引"（以首字笔画为序，首字相同者依第二字，再相同者以此类推）、"分科索引"（按学科分41类，同类条目以类序排列）、"英文索引"（以英文词条的字母顺序排列），注音以字母为序，括注使用罗马拼音法。此书对于了解和研究有关问题具有重要的参考价值。

《简明不列颠百科全书》，内容是中西方国家的文化和科技知识，是中美联合编审委员会依据《不列颠百科全书》编译的书，中国大百科全书出版社于1958年6月至1986年8月出版。总计10卷，19卷前半部为正文，收词71000多条、约2400万字，插图5000余幅，条目依汉语拼音字母顺序组编。第9卷的后半部为附录，载各国统计对照表等资料。第10卷为索引，有条目标题汉字笔画索引，条目标题外文（包括拼音）、汉文对照索引等，可供学习和研究使用。

四、政书

《通典》，200卷，唐朝宰相杜佑从代宗元年（762年）开始编撰，到德宗贞元十七年（801年），历经30多年纂成的一部大型工具书。全书分八门：食货，12卷，叙录财经制度；选举，6卷，议录选举士官、封爵制度、官府政令；职官，22卷，述录前代官制；礼，100卷，论录礼制沿革；乐，7卷，叙录兵制概况；兵刑，23卷，述录兵制、兵略、兵法、法律制度；州郡，14卷，叙录历代地理沿革；边防，16卷，述录四境临国、少数民族情况。各门之下再设若干子类目，有关之事以类相从，将历朝之事依次叙录，"详而不烦，简而有要"，多数是边叙边议。每个门类的首尾都有议论，阐明该门类的基本理论与问题或说议该门类典章制度的得失及教训。书中议录的典章制度是从传说中的上古时代开始，至唐肃宗、代宗（唐玄宗天宝末年以后事，为后人所续补）结束。其中，对唐朝的叙录较详细。此书取材极广，既有正史资料，也有五经群书内容，还有汉魏六朝人的文集奏疏，有关典章制度政治得失的重要信息，是查考中唐以前礼文仪节典章制度的珍贵资料。书中引征了许多经籍旧注、训诂资料与大量的古籍片段、上表、奏章，对已亡佚的原书内容也可作补佚之用。该书于 1937 年由商务印书馆影印。使用按类查检，如想了解西汉时期人口最多时的数量，翻阅书中类目第七卷的"食货七·历代盛衰户口"，就可查到。

《续通典》，150 卷，清朝乾隆三十二年（1767 年）官修，仿《通典》体例，但将兵、刑分设二门。书的内容是叙录唐肃宗到明崇祯十七年（1644 年）间政治、经济方面的典章制度，其中收录明朝的资料较多。

《清通典》，又名《皇朝（清）通典》，100 卷，清乾隆三十二年（1767 年）官修，体例与《续通典》相同，各门子目略有调整。书中的内容是辑录《清律例》、《清一统志》等书中的清朝初到乾隆帝期间的各种典章制度。

《通志》，200 卷，附考证 3 卷，是南宋著名史学家郑樵的成名之作。其效仿《史记》体例，在《通典》内容的基础上，增收了人物传记（全部录自正史），总分本纪、世家、年谱、列传、二十略等类。书中叙录的内容是从三皇开始，到北宋结束。其中纪传止于隋朝，礼乐刑政诸略止于唐朝，文艺、校雠二略止于北宋。所谓"略"，即大纲、概述之意，与正史之中的"志"相似，专门叙录典章制度的演变沿革及文化艺术的发展。书内的二十略被史学界称为全书的精华，类目分为：氏族略6卷；六书略5卷；七音略2卷；天文略2卷；地理略1卷；都邑略1卷；礼略4卷；谥略1卷；器服略2卷；乐略2卷；职官略7卷；选举略2卷；刑法略1卷；食货略2卷；艺文略8卷；校雠略1卷；图谱略1卷；金石略1卷；灾祥略1卷；昆虫草木略2卷。二十略里的主要评论可分为两类：一是据前人的典章予以论述的，如礼、职官、选举、刑法、食货5略表现突出；二是阐述个人独到见解的，如前5略之外的15略均有体现，其中的氏族、六书、七音、都邑、昆虫草木等略中的见解为旧史所无，尤其是"校雠略"与"艺文略"，分别提出并论述了目录学的主要任务、图书的分类原则、目录的编排方法等，都具有独创性。对该书的使用，是依类检索，如想知道广西出土文物中的铜鼓，查书中的"乐略"，即可查到。1937年商务印书馆将《通志》影印发行，因历史的局限，书中也有一些缺点，如在内容的分类上，个别的有归类之误，类目设置不统一（有的依书之文体，有的则照书的撰写体例，还有的按书之内容等），部分语句有五行阴阳、谶纬迷信之说等，利用时应注意分析。

《续通志》，640卷，清朝乾隆三十二年（1767年）官修，体例基本与《通志》相同，缺"世家"、"年谱"两类，二十略的内容有所增补扩充。书中的内容上接《通志》，从五代开始，到明末为止。其中的纪传是从唐朝开始到元末终止，列传中增加了孔氏后裔传，以及奸臣、叛臣、逆臣等传，凡诸略在《通志》中于唐事有阙遗者，此书均予补

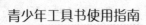
充，同时又把游侠、刺客、滑稽、货殖等传予以删并。

《清通志》，又名《皇朝（清）通志》，126卷，清乾隆三十二年（1767年）官修，体例与《续通志》、《通志》均不同，删去了本纪、列传、世家、年谱，留二十略。这二十略中，除氏族、六书、七音、校雠、图谱、金石、昆虫草木诸略外，其余各略大体与《清通典》相似，且与其重复之处较多。

《文献通考》，348卷，是元朝的马端临在杜佑《通典》的基础上加以增补扩充内容而编撰的一部大书。书中对唐玄宗天宝年之前的内容进行了添加，对天宝年之后到宋朝嘉定的史实进行了续录，补收宋朝的制度较多，不少内容是宋史各志未载的。全书分24考：田赋7卷；钱币2卷；户132卷；职役2卷；征榷6卷；市籴2卷；土贡1卷；国用5卷；选举12卷；学校7卷；职官21卷；郊社23卷；宗庙15卷；王礼21卷；乐21卷；兵13卷；刑12卷；经籍76卷；帝系1卷；封建18卷；象纬17卷；物异20卷；舆地9卷；四裔25卷。该书从《通典》的食货之典中析出田赋、钱币、户口、职役、征榷、市籴、土贡、国用8个门类，还新增经籍、帝系、封建、象纬、物异5个门类。书内收录的是南宋嘉定末年（1224年）之前到传说中的上古时期的政治、经济、文化、艺术等方面的演变沿革的典章制度资料，内容比《通典》、《通志》丰富，1937年商务印书馆进行了影印，使用方便。

《续文献通考》，254卷，明朝王圻编著，万历十四年（1586年）成书，仿《文献通考》体例编排，且在《文献通考》的24个（考）类之外又增添了氏族、六书、道统、节义、谥法、方外6个门类。书中叙事年代上与《通考》相接，下迄明朝万历初年。此书的特点是明朝的第一手资料丰富，对学习了解研究极为有利。

《续文献通考》，250卷，乾隆十二年（1747年）官修，是依王圻的《续文献通考》为底本，参考宋朝以来的史评、史书等加以订正续补增添改编而成的。书的内容为宋宁宗到明末庄烈帝（崇祯）时5个朝代400多年间的典章制度。全书分26考，编排体例与《文献通考》相似，是一部内容比较翔实的资料。

《清文献通考》，又名《皇朝（清）文献通考》，300卷，官修，编排体例与前《续文献通考》相同，也分26个大类，但各大类之下的子类目略有增减。它收录了清朝开国到乾隆五十年（1785年）的典章制度资料。

《清朝续文献通考》，400卷，著者刘锦藻，1921年完成，叙事与乾隆十二年（1747年）官修的《续文献通考》相接，到宣统三年（1911年）终止，仿《续文献通考》体例编排，但在其26门之外又增添了外交、邮传、实业、宪政等门类，大类已达30个。各大门类下的子类目也有增加，共列子类目136个。此书被学者们与"九通"（合刊本为《通典》、《通志》、《文献通考》、《续通典》、《续通志》、《续文献通考》、《清通典》、《清通志》、《清文献通考》）合在一起，称为"十通"。"十通"也有合刊本，商务印书馆汇印精装，书前部有索引，分三个部分：说明，有"十通"一览表；四角号码索引，将所有的名词术语都按首字的四角号码顺序排列，下注书名与页数；分类目录。检索方便。

《唐会要》，100卷，宋朝王溥编著，是专述唐朝政治、经济、文化等各种典章制度的书。其内容与《通典》有许多相似之处，但对唐朝制度沿革的述录则更加详细完备，增添了新、旧《唐书》所未载的一些史实。将它与《通典》互相参照使用即可得到唐朝有关方面比较完

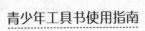

整的信息资料。《唐会要》原书已残，清朝乾隆时期整理后由武英殿木活字版印行，1955年中华书局重印。此书不分门类，只列细目，共标列514目。各目之下分条记载史实，每条都附有专记细琐典故的杂录，信息资料比较丰富。

《唐大诏令集》，130卷，作者为宋朝的宋敏求，辑录唐朝皇帝颁布的文件，长期仅有钞本流传，残缺23卷，1914年才有刊本，商务印书馆于1959年排印出版，为使用提供了方便。

《五代会要》，30卷，依据五代十国的"实录"，分类叙述50年的典章制度，成书于宋太祖建隆二年（961年），是研究五代史的重要资料。

《宋会要辑稿》，原为宋朝专设的"会要所"编纂的宋朝会要，从宋仁宗庆历四年（1044年）开始编撰，到理宗端平三年（1236年）结束，成书2200多卷。成书后，仅有书中的《国朝会要总要》被四川刊刻，其余均为抄本流传。宋朝灭亡，稿本北移，元朝纂修宋史各志时，多数采用此本内容。明朝编纂《永乐大典》，将残存部分分别录入各韵。清朝嘉庆时期的徐松又从《永乐大典》（残本）辑出，汇编为《宋会要辑稿》366卷。依据此本，1957年中华书局影印500多卷。全书分帝系、后妃、礼、乐、舆服、仪制、崇儒、运历、瑞异、职官、选举、道释、食货、刑法、兵、方域、蕃夷等17个门类。其内容中的"十之七八为《宋史》各志所元"，极珍贵。

《宋大诏令集》，240卷，南宋的陈振孙等人认为，作者是宋绶，书中辑录了北宋时期的政事、典章制度，后阙佚44卷，中华书局于1962年排印出版，且附"校记"，有利于使用。

《元典章》，又名《大元圣政国朝典章》，元代官修。全书分"前集"、"新集"两个部分;"前集"60卷,录元世祖即位至仁宗延佑七年(1092年)的典章制度(内容多为《元史》中所不载),分诏令、圣政、朝纲、台纲、吏部、户部、礼部、兵部、刑部、工部等10门,门下又分373类,类下再细分之。"新集"不分卷,编排似仿"前集"体例。清朝光绪三十四年(1908年)有沈家刊本问世,但谬误较多。陈垣在《沈刻(元典章)校补》10卷与《元典章校补释例》6卷中指出沈家刻本错误12000多条。使用《元典章》时,要参考陈垣的有关著作。

《明会典》,是记载明朝典章制度的书,初为明朝徐溥奉命于孝宗弘治年间主编,至弘治十五年(1502年)成书180卷,正德年间刊行。嘉靖八年(1529年)续修,至二十八年(1549年)修成53卷,但未刊行。万历四年(1576年)重修,到十三年(1585年)成书228卷,申时行等编撰。此书的初编、续修、重修体例均依吏、户、礼、兵、刑、工六部为纲,内容总分文职衙门与武职衙门7大类。文职衙门下设人府、六部、都察院、通政司、中书舍人、六科、大理、太常、詹事府、左右春坊、司经局、顺天府、应天府、光禄、太仆、鸿胪、国子监、翰林院、尚宝司、钦天监、太医院、上林苑监、五城兵马司、僧录司、道录司、神乐观等衙(每衙均附有南京职事);武职衙门下设前后左右中军都督府、锦衣卫等,分述有关典章制度事例。各衙卫之下,还附有冠服仪礼插图等。此书录明朝的典章制度较为详备,补"明史"诸"志"之不足,是研究明朝规章制度的一部好书。

《清会典》,清朝官修。于康熙二十三年(1684年)开始,到康熙二十九年(1690年)成书162卷,内容是叙录清朝太宗崇德元年(1636

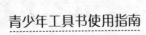

年）至康熙二十五年（1686 年）的典章制度；雍正二年（1724 年）续修，至雍正十一年（1733 年）成书 250 卷，内容与前部书相接、尾部到雍正五年（1727 年）止；乾隆十二年（1747 年）续修，到乾隆三十年（1765 年）成书，有"会典"卷、"则例"180 卷，内容的头部与前部书相接，尾部止于乾隆二十三年（1758 年）；嘉庆六年（1801 年）又续修，到嘉庆十八年（1813 年）修成"会典"80 卷、"事例"920 卷、图 132卷、目录 2 卷，内容的开始与前一部书相接，尾部到嘉庆十七年（1812年）；光绪九年（1883 年）仍续修，到光绪二十五年（1899 年）修成"会典"卷、"事例"1220 卷、图 270 卷、卷首 1 卷，内容从清朝初年起至光绪二十二年（1896 年）止，其中"将嘉庆十八年（1813 年）以后增订的一切典礼及修改各衙门的则例"全部收入。因是 5 个朝代修成，故又称此书为《五朝会典》。该书仿《明会典》体例，按政府机构等级于各衙门之下"以官统事，以事隶官"逐年排列，叙录各级官吏的职掌与事例。此书从乾隆时期续修时，就把"会典"与"事例"分别编修；"事例"是指政府各部门逐年变革损益情况，是研究清朝制度的宝贵资料。

《春秋会要》，4 卷，清朝姚彦渠编辑，分 6 类、98 子目。《明会要》，80 卷，清朝龙文彬辑撰，分 15 类、498 个子目，中华书局出版。《秦会要订补》，26 卷，清朝孙楷辑撰，近人徐复订补，立 14 类、336 个子目，群联出版社出版。《西汉会要》，宋朝徐天麟辑撰，共 70 卷，分 15 类、367个子目。资料主要来源于《汉书》，辑录叙述西汉时期的典章制度，上海人民出版社出版。《东汉会要》，著者同前，有 40 卷，分 15 类、384 个子目，资料来源于《后汉书》等，辑录叙述东汉一朝的典章制度。《三国会要》，清朝杨晨辑撰，总 22 卷，分 15 类、98 个子目，中华书局出版。

《三国会要》，清朝钱仪吉辑撰，40 卷，分 19 类、250 个子目，上海古籍出版社出版。《晋会要》，清朝朱铭盘辑撰，80 卷，分 15 类。《宋齐梁陈会要》，著者同前，不分卷，上海古籍出版社将其分成《南朝宋会要》、《南朝齐会要》、《南朝梁会要》、《南朝陈会要》，于 1984、1986 年先后点校出版。《建炎以来朝野杂记》，宋朝李心传辑撰，4 卷，分 13 类、605 个子目，有《丛书集成初编》本。《唐六典》，唐朝玄宗开元年间官修，题为唐玄宗撰，李林甫奉敕注，实出张九龄等人之手，30 卷，分立三师、三公、三省、六部、九寺、五监、十二卫、地方三府、督护、州县等类目，叙录中央到地方各级官署编制、职司、官佐、品秩、官制沿革等，其中有一些制度，当时虽然没完全贯彻执行，但从中可以看出唐朝的政治经济情况，有《四库全书》本。

五、类书

《太平广记》，5 卷，宋朝李昉、扈蒙、李穆等人奉太宗之旨编修，成书于太平兴国三年（978 年），太平兴国六年（981 年）雕版。之后，有人说不是学者急用之书，即把版收于太清楼，没印行；而外界已有本子流传，南宋时期也翻刻过。明朝谈恺依据抄本重新刊印，成为通行本。人民文学出版社于 1959 年出版此书。书中采录汉晋至北宋初年间 5 种野史、笔记、小说等书中的故事，分为 92 大类，各小类中的每一个故事都有标题，录原文一段或数段内容，有些故事内容详细，首尾完整，总编成 5 卷。《太平广记》引书，对于卷数少的，一般全部录入，保存了不少失传的书；而没全录的，也多是今本所没有的内容。此书多数内容为神怪异事、僻记遗文、逸闻琐事、宋朝以前的小说，被誉为

"小说家之渊海"，对校勘与辑佚古书有较高的实用价值。必须说明的是：有些故事是从类书中辑录的，非出自原文；有的故事属后人增加；有后人补入篡改的文字；有部分条目未注明出处；后人对卷首的《引用书目》不断地进行过修改；分类重复，如立神仙类（有55卷），又立女仙类（有15卷），再立神类（有25卷）；载事重复，同属一个故事，常常分见于两个或若干个门类之中；门类复杂，检索困难。为解决此问题，燕京大学引得处印行了邓嗣禹编的《太平广记篇目及引书引得》一书。全书分《篇目引得》（汇录各卷篇目，并一一注明卷数与条数，不标书名）和《引书引得》（汇录引用各书名，且一一注明某条见于某卷）两个部分，供查找篇目、故事、佚文等使用。还应该注意的是，有一种扫叶山房的石印本《太平广记》，全书共有四函40册，讹误较多，因此，检索该书要慎重，利用时应考证清楚。

《册府元龟》，北宋王钦若与杨亿等17人于景德二年（1005年）九月奉真宗之命编纂，历时8年，到大中祥符六年（1013年）八月修编10卷，940多万字，收录上古至五代的历代帝王将相、士大夫等名人的德美之事，故起初拟名"历代君臣事迹"。但真宗命人编此书的目的，是让国家后来的各级政府和各类的管理者都能借鉴历代君臣的事迹，所以成书后，真宗诏题定名"册府元龟"。"册"为书籍，"府"为收藏物品的府库，"册府"为典策之渊薮；元龟——大龟，指古代用作占卜之物，引申为可供借鉴的宝物。书名"册府元龟"，是说这部书为"典策的渊薮、文坛的宝物"，意为"文献宝库中专供君臣鉴往知来的大书"。全书以事类与人物来分门排序，共设31个部，部前有"总序"，叙述本部的事迹沿革，最少的也有数百字，多的达数千字。各部之下又分若干门，共立

1104 门，每门资料按年代先后顺序排列，门前有"小序"论其本门要旨，有数十字一篇的，也有数百字一篇的。"总序"与"小序"之文的语言简练精美。"小序"之后，录历代人物事迹。书中所录资料以《十七史》（几乎概括了其全部史事）为主，兼取经、子两集有关内容，而小说、杂史、家传、自述、琐说等不收。引文多整篇整节照录原书，且不注明出处，还有些引文只取书中章节大意，加之"因其出于众手，疏误较多"。它是一部优缺点均比较明显的类书，能为校史、考史、补佚之用，然而单独使用此书原文又极难使人相信，需要考证等。1960 年中华书局影印装订成 12 册，第一册前部有总目录，其余各分册前部有分目录。书后部附有"类目索引"，依笔画编排，查检方便。

《韵府群玉》，是元朝阴时夫将刘渊的 107 韵再进一步合并为 106 韵而成的，世称《诗韵》，为元明清三个朝代的五七言诗押韵所通用。《佩文韵府》，是清朝张玉书、陈廷敬等人于 1704—1711 年奉康熙帝之命、依《韵府群玉》和明朝凌稚隆的《五车韵瑞》为底本进行补充而成的，仍为 106 韵，一直沿用至今。"佩文"，是康熙帝玄烨的书斋名，为当时科考使用方便，将 106 卷压缩为 5 卷本，名为佩文诗韵，世称"官本诗韵"。书中以单字领头，按二、三、四字的词语数为序排列，各领头字后，标其所在内的原文和最原始、最简洁的训诂与出处，但只标书名、一般不标篇名、不解释词义，检索原文与理解词义都有难度。

《骈字类编》，240 卷，从清朝康熙五十八年（1719 年）开始编纂，到雍正四年（1726 年）完成。书中标有"御定"字样，没注编纂者姓名，是当时的一些学者奉命为文人们检索词语而编撰的一部大型工具书。书名中的"骈字"，是因书中只收双音词、不收单音与多音词而形

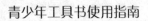
成。此书的另一个特点是收实词，不收虚词与实词中对作骈文律诗没大用处的或被当时认为"不甚雅驯"的词语。全书内容分天地、时令、山水、居处、珍宝、数目、方隅、采色、器物、草木、鸟兽、虫鱼、人事等部类，各部类下再分若干子目，子目的第一字相同者排列在一起。每一词条后，标注其在内的原文、原句，且标明出处，辑所在的书名与篇名，但不标字音、不释词义。今天用来检索词语典故虽然方便，但对一些词语的读音、理解仍有为难之处。

《玉海》，南宋王应麟著，2卷，分天文、地理、艺文、帝系、圣文、律历等21个部，各部下又设若干小类，共有250多个小类。书后附《词学指南》4卷（汇集了有关文学方面的资料）与著者撰写的《诗考》等13种作品。此书是一部专门为博学宏词科考使用的参考书，"采辑征引极为详博"，是研究有关问题的好资料。但此书对所辑录的资料没考订是非真伪，有错误与自相矛盾的内容，使用时应注意。

《北堂书钞》，著者是隋末唐初的虞世南，在任隋朝秘书郎时，于秘书省的后堂——"北堂"辑撰成此书，故名"北堂书钞"。原本分80部、801类、成书174卷。后经传抄等原因，到《新唐书·艺文志》著录时变为173卷。北宋时期，原书已很难见到。明朝万历年间，出现了常熟陈禹谟的校刊本，对原书进行了很大的删补篡改，增加了唐太宗贞观之后与五代十国时期书中的内容，并对所增各条注明了"增"字，但对所删改的是哪些内容，没标明，全书已失去本来面目，被多数学者认为是一部校劣的本子。明朝俞安期另得一旧写本，纳入了《唐类函》，讹误也多。清朝的孙星衍获得元朝陶宗仪的元朝影宋抄本，可能是经严可均等人校订，没完成（剩10卷）。之后，全书辗转于清朝光

绪十四年（1888 年），南海孔广陶 30 万卷楼校刊成 160 卷本，初名
"影宋北堂书钞"，被公认为最佳本。全书分帝王、后妃、政术、刑法、
封爵、设官、礼仪、艺文、乐、武功、衣冠、仪饰、服饰、舟、车、酒
食、天、岁时、地凡 19 部，部下总设 852 类；类下录引词句，用大字
刊印，后以双行小字注明该词句的出处或直列该词句所在原文。书中收
录的是古籍里可供吟诗作文使用的典故、词语与一些诗文的摘句，对后
人学习研究历史文化、校勘史籍、查考典故、辑佚古书等都有益处。日
本名古屋采华书林出版社于 1973 年出版的山田孝雄的《北堂书钞索
引》，对查检《北堂书钞》可起到辅助作用。

《艺文类聚》，唐高祖武德五年（622 年）欧阳询等 10 多人奉诏修
纂，武德七年（624 年）完成 1 卷，分 48 个部、720 多个子目，各子目
至下排列古书中的有关资料。书中采录的古籍达 1431 种（现不到"百
分之十"）。内容安排为"事居于前，文列于后"。所谓"事"即是经、
史、子等书中的有关故事；"文"就是从文集的有关书中采录的诗文。
采录的诗文都注明时代、作者、题目，且用"诗"、"赋"、"颂"、
"赞"等字标明类属；采录的故事都注明出处（即所引用之书的书名）。
事文的编排分别依作品时代先后为序，更改了以往类书偏重类事、不重
采文、随意摘句、不录片段的缺点，首创事文一体的类书辑编体例。此
书价值较大，对于查考诗文典故、辑佚古书、校勘古籍等都具有参考作
用。《四库总目提要》评价说，其"于诸类书中，体例最善"，但"繁
简失宜，分合未当"，引文中有若干错误和失误。此书的传本较多，
1965 年排印的汪绍楹校勘本（上海古籍出版社 1982 年出版）及中华书
局 1959 年影印的上海图书馆藏宋绍刻本为较新的通行本。前者较完善，

依据宋本、《北堂书钞》、《初学记》、《太平御览》等书校勘，校正了宋本中的错处，且通篇断句，书尾附"著者人名索引"与"书名篇名索引"，用起来比较方便。书中保存了一些隋朝之前的"佚书遗文、零章断句"等文学资料，如引用的晋朝郭澄之的小说《郭子》、裴启的小说《语林》等，早已亡佚，因此说《艺文类聚》是一部难得的资料。

《太平御览》，原名"太平总类"，综合性类书，北宋李萌等 14 人于太宗太平兴国二年（977 年）奉诏开始修编，至兴国八年（983 年）结束。书稿完成后，因太宗要求每天送 3 卷供阅览，故又诏改书名为"太平御览"。全书 10 卷，分 55 个部、4558 类目。每一个类目内引用同一种书的，均排在一起。各类目使用资料均首列书名，次录原文，引文依时代先后为序，内容同出一书的则首条引文前列书名外，余皆只写"又曰"、"亦曰"等，不加己见，"条理井然"。该书是在《修文殿御览》、《艺文类聚》、《文思博要》3 书的基础上又采录其他古籍资料而成的，其中有珍贵的汉代人物传记百种、地方志两百种。依书前"图书纲目"载，书内引用的经、史、子、集、释、道各类古籍有 1690 种与诗、赋、箴等 889 种。而近代人马念祖考证，书内引书实有 2579 种，且所引古书十之七八今已失传。此书的版本达十几种之多，中华书局于1960 年缩印的上海涵芬楼影印宋本较为通行。此书可供校勘古书、辑佚古文、查考名物与史实典故之用，但因门目繁杂、重叠与内容误错乱时有出现，故用时应注意。

《永乐大典》，是明永乐元年（1403 年）解缙等人奉成祖之命辑撰，次年稿成，书名"文献大成"。由于内容简略等原因，朱棣阅后不满意，令姚广孝等人补修，前后动用 20 多名儒臣、文人参加编撰、抄

写、校对等，历时 5 年，于永乐六年（1408 年）冬修撰而成，赐名

"永乐大典"。它是一部综合性类书，被誉为"世界上最大的百科全

书"。全书 22937 卷（包括目录、凡例 60 卷）、装订成 11095 册、约

3.7 亿字。书中采集了元朝以前的重要古籍七八千种，含有经、史、

子、集、佛经、道藏、医书、方志、平话、戏曲、小说、工技、农艺等

方面的珍贵资料。内容仿宋代阴幼遇《韵府群玉》与钱讽《回溪史韵》

二书体例，依明代《洪武正韵》的 76 韵编排，用单字立目，字目下先

注《洪武正韵》的音、义，再录各韵书、字书的反切、训释，后照唐

朝颜真卿《韵海镜原》之法，列该目字的篆、隶、楷、草等各体，末

分类汇集与该目字有关的天文、地理、人事、名物、杂艺、诗词、典故

等项记载。此书首创音序与分类相结合的类书编排之法。书内单字注释

中的书名与作者名均用红字列出，极为醒目；字下引文皆整段、整节、

整篇、整章以至整部原文全录，字不改。原本存南京（清军入关时，

全部焚毁）。永乐七年（1409 年）抄一副本，史称"永乐钞本"（存北

京文渊阁）。嘉靖年间又抄一本，史记"嘉靖钞本"或副本（北京皇史

宬），总计 3 部。清朝顺治时期，将余下的两部分别移存于乾清宫与翰

林院。嘉庆年间乾清宫失火，第二部又全部被焚。也有的史学家考察分

析认为，前两部可能先后佚于明朝的正统年间的一场大火及明朝之末，

最后一部至清朝修编《四库全书》时，因保管不善，亦佚 2422 卷，之

后又陆续散佚，1900 年八国联军入侵北京，大部分佚于战火（现有学

者考证是在八国联军入侵之前有人放火造成），余下的大多遭劫。中华

人民共和国成立后，对遭劫的《永乐大典》进行了清查，查到存世的

仅有 8 卷多，中华书局先后两次分别收集到 730 卷与 67 卷，于 1986 年

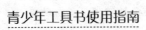

6月合印精装10册，书的前部附《连筠簃丛书》中的"永乐大典目录"。仅这10册残本就存有大量的宋、金、元三个朝代的诗词、戏文、笔记、方志等资料，可供校勘、辑佚之用，是珍贵的资料。

《唐类函》，2卷，明朝俞安期修撰。此书是把唐朝的《北堂书钞》、《初学记》、《艺文类聚》、《白孔六帖》等类书，削除重复，汇总成函，取名"唐类函"。全书分43个部，部下设子目，各条均先排《艺文类聚》中的资料，再列《初学记》、《北堂书钞》、《白氏六帖》中与《艺文类聚》等书内不重复的引证内容，后附诗赋文章；可供查检唐朝之前的诗文典故。因此书把许多部类书合在一起删重补新，再汇集修编，难免有错误出现，用时应当注意，可找原类书参考。

《天中记》，60卷。书中引文注明出处，对使用的史料真伪有所考证，内容比较丰富，为一般类书所不及。作者是明朝的陈耀文，因其居所在天中山附近而书获此名。

《山堂肆考》，228卷，补遗12卷（内有不少训诂资料），明朝彭大翼修撰。全书分5集、45个门类，各门类之下再分若干子目。书中辑录的资料较多。其学术价值被认为是明朝类书中较高的。

《渊鉴类函》，450卷，清朝张英、王士禛等人奉圣祖之令编修，于1701年成书。此书依明朝俞安期的《唐类函》为基础，增其所无，详其所略，再录《玉海》、《天中记》、《山堂考索》、《太平御览》等17部类书、二十一史和宋、元、明各朝书中之内容，分43个大部类，部类之下设2536个子目。每个子目基本以释名、总类、沿革、缘起居一、典故居二、对偶居三、摘句居四、诗文居五之序编排。书中是《唐类函》原有的引证资料，均标"原"字，续补的均标"增"字，便于区别；所录资料详细，引文都一一注明出处，供检索明代嘉靖之前的典故、辞藻参考使用。该书版本多，1883年上海点石斋石印本使用较方便。

《骈文类编》，240卷，清朝张廷玉等人奉命辑纂，是一部专集俪词骈语的类书。收领头字1604个，典故辞藻10万多条。在内容的编排上，以领头字字义分类，将领头字相同的词语（均为双音词或双音词组）排列在一起，总分13个大类，大类之下再设小类。领头字下先列出该字的词语，后录该词语的有关典故。此书首创类书中以数目、方偶等做门类。书中引诗文注明题目篇名，易查检诗文出处。

《古今图书集成》，原名"汇编"，清代陈梦雷奉圣祖之命于1706年纂成，未刊刻，康熙帝看后改成前名。雍正即位，陈梦雷（诚亲王侍臣）因一事件牵连被"发遣边外"受难，其书改由蒋廷锡等人"重加编校"，于雍正四年（1726年）用铜活字版排印64部。书的规模较大，结构严谨，内容丰富，层次清晰，体例完善，分类较细，用途较广。内容有古代社会的政治、经济、文化、教育、军事、艺术、历史、地理、天文、气象、农业、手工业等1万卷、总目40卷，1.6亿多字。书内收集了上古至清初的信息，其中明朝的资料较多，还有西方国家的科学知识。对原始资料多是整篇整部录入，且注明作者、书名、篇目，查考原文方便。全书总分6编、32典、6109部，各部首列"汇考"，再列"总论"，后分列传、艺文、图表、选句、纪事、杂录、外编等项，多者可达10项。这10项的内容是：汇考，记大事，引用书籍考证流源；总论，汇录经史子集有关事物的议论；图；表；列传，有关人物的传记；艺文，汇录诗文辞赋；选句，辑录事物对偶俪句；纪事，专录琐碎之事；杂录，辑前 8 项不收的资料；外编，辑录杂说，多为神怪传说等荒唐无稽之言。此书引文错误不少，使用时要分析。书中的类目名称古怪，如"皇极"、"岁功"等典目，令人难解其义，不懂古籍的人，查其目录较困难。该书的版本较多，比较通行的是上海中华书局 1934 年影印的铜活字本，线装 8 册，附《考证》8 册。后中华书局、巴蜀书社对影印本进行了缩印，装订成 82 册，包含《考证》、《索引》等各 1 册。其中的《索引》是广西大学《古今图书集成索引》编写组据《古今图书集成》的分类特征编成的，内容分部名索引、图表索引、人物传记索引、职方典汇考索引、禽虫草木二典释名索引。这些索引均以四角号码顺序排列，后附笔画检字表。书内的条目均注明 1934 年和巴蜀版的册次、页数、典名，对检索具有辅助作用。

六、目录

《四库全书总目》，又名"四库全书总目提要"，200 卷，清朝乾隆帝弘历之子永瑢、永璇与汉族大臣纪昀等人编纂，收乾隆之前中国名著优秀作品 1 万多种的提要与书目。其中，著录 3458 种，另"存目"（指只录书目，不存其书）6788 种，于乾隆五十四年（1789 年）由武英殿刻版印行；后又有杭州刻本、漱六山庄石印本、商务印书馆排印本、上海大东书局线装本（陈乃乾校阅，书后附清朝阮元的《四库全书未收书目》及陈乃乾的《四库书目索引》4 卷）、中华书局本（书后附《四库撤毁书提要》9 篇、《四库未收书提要》5 卷 175 篇）等。全书分经、史、子、集四大部类，大类下又立若干小类目。在有些子目或提要之后还附加按语，以说明各种学术思想的渊源、流派、相互关系及分划类目的理由等，是四分法中影响较大、提要比较规范的一部书目。使用时，如只知的作者姓名，可查 1926 年上海大东书局出版或新出版的书后附的"人名索引"；如只知书名，可查书后附的"书名索引"；如只知书的性质与书名，则只查书的类目即可。书名中的"四库"来源于唐玄宗时期，为储藏国家的经、史、子、集四大类书籍，在宫廷分别修建的四个书库。

《四库全书总目提要补正》，是对"总目提要"的失误进行修正而成的书，共 62 卷（含《未收书目提要补正》2 卷），补正古书 2300 多种。成书的经过，先是胡玉缙从有关的文集、日记、笔记、藏书志等资料中，将所需要的内容辑录出来加工整理，再补上自己的观点进行编辑；1940 年胡玉缙去世，王欣夫继续搜辑整编，成书后定为此名，中华书局出版。书后附补正书名索引，查检极为方便。

《四库提要辩证》，24 卷，是余嘉锡研读《四库全书总目提要》50 多年的随笔考证整理而成的书，科学出版社出版。内有余嘉锡的考辨"提要"490 篇，"提要"评判见解精辟，列出的证据有力。原仅有句读，后经中华书局更正了一些错字，添加标点，重排出版。

《宋金元词集现存卷目》，收单行词集 200 多种、197 家，均注明作者、卷数、版本等，资料丰富，但无索引，检索不便。

《贩书偶记》，是书商孙殿起对贩书记录进行整理编辑成的书，收录的大多是清朝后期至抗日战争以前（约 1935 年）的著作，兼收了乾隆之前未入《四库全书总目》的少量作品，但凡《四库全书总目》已收之作，一律不收，若收，也是卷数、版本不同者，实为《四库全书总目》的续编。其特点是专收单刻本，间有丛书者，必为初刻的单行本或抽印本。注重收录近代作家的稿本与钞本。著录内容为书名、卷数、作者姓名、籍贯、书刊刻的时间等，凡卷数、版本有异同、作者姓名要考订和书中内容有待于说明的，都加备注。全书按"四部分类法"排列，书后附"书名著者综合索引"，上海古籍出版社修订重印，并将雷梦水的校补全文附后，参考价值极大。《贩书偶记续编》，孙殿起的助手雷梦水整理编写，收书到20世纪的40年代，有6000多种。编辑体例与《贩书偶记》同，中华书局出版。

《中国丛书综录》，上海图书馆编辑，收录了中国41个图书馆所藏的丛书2797种、古籍38891种。全书分3册：首册是"总目分类目录"，内容有"汇编"与"类编"及"全国主要图书馆收藏情况表"、"丛书书名索引"；中册是"子目分类目录"，收子目7万多条，按四部分类法排列，设55类、278属，子目之下，均注明其在总目中的书号和页码，一个子目同为多部丛书收录的，都一一列出，以利于检索；最后一册是"子目书名索引"和"子目著者索引"，供检索中册内容使用，各子目下注其在中册内的页码。检索方法，一般是先查最后一册的"索引"，按"索引"标示的页码再查中册的"子目分类目录"，获取标示的号码后再查首册的"总目"与"馆藏表"。若是仅查丛书名和收藏单位，用首册即可。此书由中华书局于1959、1961、1962年先后出版，1982、1983年改出新版。《中国丛书综录补正》，阳海清编。书中增补了《中国丛书综录》失收的一些子目，校订了一些子目在不同版本中出现的不同的书名。编辑体例与《中国丛书综录》相同。书后附"丛书异名索引"，易查。

《中国地方志综录》，是朱士嘉依据中国41个图书馆所藏的地方志编辑而成的，收7413种书目，正文下附录了被国民党运至台湾省的稀见的地方志 232 种书目和美国国会图书馆掠夺的我国的稀见地方志 80 种书目。各地方志依所属省区排列。书后附以笔画编排的书名和著者索引。是一部极为重要的参考书目。《中国地方志联合目录》，是中国科学院北京天文台在朱士嘉《中国地方志综录》1962 年修订本的基础上，全面核查、考订、汇集全国的主要图书馆、博物馆、档案馆、文化馆等 180 个单位所藏 8500 多种地方志目录而成的书。书中有中华人民共和国成立之前的历代地方志书目 8200 种，依省、府、州、县、乡为序排列，后附书名索引，是了解和研究地方志的珍贵文献。

《中国近现代丛书目录》，上海图书馆著，收录该馆所藏 1902～1949 年各地区出版的中文丛书 5549 部（含各类书 30940 种），依丛书名称首字笔画为序排列，丛书之下再列所含子目，书后附"丛书出版系年表"，供查检之用。

《全国中文期刊联合目录》，收录了中国 50 个图书馆在 1957 年以前所藏的 1833—1949 年出版的 19115 种中文期刊目录，并对每种期刊的创刊、停刊及其历史沿革等情况都作了辑录，全国图书联合目录编辑组编。1981 年增订本补收了中国共产党在各个时期于各个地区出版的刊物近 2 万种。两书内容均以笔画为序排列，都附有汉语拼音检字表，查检方便。

《全国总书目》，先后由新华总书店、中华书局、文化部版本图书馆、北京图书馆、中国出版事业管理局版本图书馆编辑，中华书局出版。是依据全国各出版单位缴送本汇录的，除 1949—1954 年合为 1 本外，1955—1965 年每年出版 1 本；1966—1969 年停编；1970 年恢复（1971 年未出版），仍按年出版，具有图书年鉴、全国性的图书登记与统计的性质。收录的都是各正式出版单位公开出版发行的各种文字的初版与重版图书，先后使用了中国人民大学图书馆图书分类法、中小型图书馆图书分类法、自编分类法、中国图书馆图书分类法进行编排，1960年以前出版的还附有书名索引。书的内容分成三个部分：一是分类目录，收各学科汉文书；二是专题目录，收"少数民族文字图书"、"盲文书籍"、"外国文学图书"、"翻译出版外国著作"、"少年儿童读物"、教科书、技术标准读物、丛书等；三是"附录"，收当年创刊或复刊的报刊目录、出版者一览表与索引等。是了解书刊出版发行的必备资料。

《全国新书目》，1950年创刊，开始为季刊，后来刊期多次变更，1967—1971年停刊，1972年复刊，1973年再度改为月刊。先后由中国出版局版本图书馆等单位编辑，中华书局出版。内容的编排体例与《全国总书目》相同，是在其编辑的基础上，及时报道国家每月图书出版情况，且对每种书均作简单介绍，是查检新书出版的重要资料。

《中国历代年谱总录》，杨殿珣编辑，书目文献出版社出版。收录的是以书名为年谱和以年谱体例编制的题为编年、年记、述略等可供参考的著述编年之书，共有年谱3051种、谱主1829人（从上古至1978年）。书目的排列是以谱主的生年先后为序，一人之年谱经多人撰述的，按撰述人的时代前后为序排列，谱主名下列其生卒时间。书后附"谱主姓名别名索引"，依笔画排列。检索应先从"谱主姓名别名索引"入手，再查"年谱目录"。

《中国通俗小说书目》，10卷，孙楷第编辑，作家出版社重印，内有宋、元、明三代至清末（1911年）的已佚未见及见存诸书的小说800多种。著录介绍了所录小说的名称、回数、卷数、版本、作者及存佚情况，间有摘录关于该书的笔记、琐闻、序跋，对孤本或珍本还注明收藏者。书目以其成书年代为序排列，分四个部分：宋元部，明清讲史部，明清小说部甲，明清小说部乙。其中的第四部分又分烟粉、灵怪、说公案、讽谕四类。此外还附存疑目、丛书目、日本训译中国小说目录。书后又附注音字母"书名索引"、"著者姓名及别名索引"，检索的辅助资料丰富，使用方便。

《中国现代文学作家著作联合目录》（1918—1963 年 11 月），湖北省图书馆编辑，收录了湖北省图书馆、武汉大学图书馆、华中师院图书馆、武汉市图书馆、武汉师院图书馆、民族学院图书馆、湖北省文联资料室等武汉地区 7 个单位收藏的 1918—1963 年 11 月间的文学书籍，共有 290 位作家的著作，内容有小说、散文、戏剧、诗歌、翻译、编辑、校勘、论文、说唱文学等。书目按作家姓氏排列，检索方便。

《中国现代作家著作目录》，山东师院中文系编辑，收录 1960 年 12 月以前出版的现代作家 286 人的著作，依姓氏笔画为序排列，所收作家数量与《中国现代文学作家著作目录》相近，而其作家与作品却有所不同，用时可相互参考。

《中国历代年谱总录续录》，《文献》杂志第 13 期载，补录年谱 220 多种，参考文章 50 多篇，有谱主 170 多人，另附 20 人。

《中国史学名著题解》，张舜徽主编，收录了古史、编年、记传、纪事本末、实录、制度史、学术史、地理方志、杂史、史评史论、史考、金石甲骨考证、历史研究法、笔记、类书丛书、文编、书目、表谱、索引辞典等 20 类 208 种史学名著，既可做查寻线索，也可做一般学习了解之用。

《图书馆学书籍联合目录》，李钟履编，收录了中国 49 个图书馆藏清末到 1957 年的中文书籍，各书下都注明了收藏馆。书目依笔画笔形排列。书后附"主题索引"、"著译者索引"，检索方便。

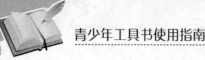

《丛书书目汇编》，沈乾著，上海医学书局出版，收录丛书 2086 种，依书名的笔画多少为序排列，对各丛书都收录书名、编者、版本与种数等。此书的问题是把《读书杂志》、《宋诗钞补》等不是丛书者也收录了，用时要分析。

《曲海总目提要》，46 卷，原作者不详，旧题清初黄文旸撰，实际黄氏之作已经亡佚。现作是近代人董康依《乐府考略》与《传奇汇考》中的有关内容辑编而成的，收元、明、清三朝的传奇、杂剧等书目 684 种。对各种书目均注明时代、作者与内容提要。人民文学出版社对此书进行了整理校订，将书中的杂剧与传奇用注释予以区别，且对各剧作者不详或错误的予以更正说明，然后重印出版，书后附索引，更有利于学习和使用。

《京剧剧目初探》，陶君起编著，中国戏剧出版社增订本。分为传统与新编两类剧作，著作问世时间止于 1961 年上半年。共收 1300 多个京剧剧目，其中的大多数剧目都附有剧情简介，各剧目依剧情的历史朝代为序排列。书中还对一些剧目的艺术特点、问世之源、各主要扮演名角演艺上的流派等作了简要说明。但有些剧目却没有附简介或说明，也有些简介仅依照的是传闻，同剧情有较大出入，不可轻信。书尾附"剧目索引"，供查检之用。

《宝卷总录》，傅惜华编辑，巴黎大学北京汉学研究所出版，收傅惜华、北京图书馆、北京大学图书馆、日本东方文化研究所、郑振铎、吴晓铃、杜颖陶等个人与集体所藏明清两代"宝卷"349 种版本、246 种书，对每种书均收录来源、书名、版本、卷册数、作者姓名、收藏单位或个人等。书目尾部有"索引"，供查检之用。所谓"宝卷"，是从唐代的"宣卷"与宋代的"说经"逐渐演变而成的，初是以宣讲故事为主，至明代到清初则变成了秘密社会及宗教活动、农民起义的理论宣传工具，同治、光绪以后，越来越多的民间艺人则用它来改编、宣讲、说唱民间传说、社会新闻、历史故事。"宝卷"由此就成了民间的一种曲艺，《宝卷总录》即为民间说唱之作的总目录。

《宝卷综录》，李世瑜编辑，1961年中华书局出版，对仅有历史文献记载而现已失传或查不到书的书目不辑录。内收明清以来宝卷1487种版本、653种书目，用表格形式汇录各种宝卷的来源、名称、卷数、版本、年代、收藏者等，易于了解查阅使用。

《弹词宝卷书目》，胡士莹编辑，古典文学出版社出版，收弹词曲作之目270多种、宝卷之目270多种。书中的弹词即现在的评弹，是中国南方曲艺中的一个曲种。此书是宝卷与弹词的传统本综合书目。

《清代禁毁书目》（附补遗），清代姚觐元辑；《清代禁书知见录》，孙殿起辑。商务印书馆将两书合并出版，是供学习研究的好资料。

《中国历代名人年谱目录》，李士涛编辑，商务印书馆出版。收先秦到近代的谱主946人、1108种年谱书目录，依谱主所在朝代先后为序编排，各谱之下置编著者姓名与谱之版本，用中西年历标谱主之生卒年代。书的前部设"年谱合刻一览"（即数人共编一谱的）。书尾附谱主、编著者姓名索引，以便查检。

《同书异名统检》，杜信孚编辑，江苏人民出版社出版。收同书异名的出版时间止于中华人民共和国成立，总录书名3900多条，各条均有书名、卷数、版本、异名、书之作者的时代与籍贯。依书名第一字的笔画多少为序编排；一书多名者，有几个即分列几条，只要查到其中的一条，其异名即可全知。

《近三百年人物年谱知见录》，是一部汇录清代人物年谱的提要式目录，来新夏著，1983 年上海人民出版社出版，收年谱书目 800 多种。录入的内容有三：谱名、刊本、丛书本、各年谱目录及《贩书偶记》著录情况、撰者；编谱的理由、材料依据、各谱编著者与谱主的关系；谱主姓名、字号、籍贯、生卒、科分、仕历、荣衰、主要事迹、特长。此书依谱主生卒先后为序排编，内录的谱主含生于明代卒于清代及生于清代而卒于清代之后的。书中还有谱名谱主索引等相关资料，对查检、了解、学习、研究有关内容能起辅助作用。

《书目数据库》。近几年来，凡是使用计算机建立书刊流通网络的图书馆、书店、出版社、编辑部等单位，都普遍建成了《书目数据库》，其中有些是在自建的或所在的地区和国家局域网上使用，也有一些已入国际互联网，供世界各地的人查阅。美国的一家图书情报机构，建立了一个已经容纳近百个国家地区的数万个图书馆与科研单位的数亿条馆藏目录，均送入互联网供全球人利用。中国国家图书馆等单位也建立了类似的联网书目数据库，检索方便。

七、索引

《一切音义通检》，有 1923 年慎修书屋线装排印本，是清朝的陈作霖仿《说文通检》体例，专门为唐朝中期的僧人慧琳的一部 100 卷大书《一切音义》而编撰的。书中汇集了《一切音义》（包括辽代僧人希麟的《续一切音义》）所注释的各种词语，以其中的作为主要实词的单字（若一词由多字组成，一般用末字）进行分类、按笔画多少为序编列条目，各字条下注明所在《一切音义》的中卷次、页码，检索比较方便。

《慧琳切音义引用书索引》，5 册，商务印书馆出版，是北京大学研究院文史部为检索慧琳的《一切音义》所引用的书目而编辑的。书前有"检目"，正文把慧琳引用的各种书的书名、篇名、作者等均按其第一字的笔画多少为序，列成条目，注明所在《一切音义》中的页码，很好查找。

《五十年甲骨学论著目》，作者胡厚宣，中华书局出版。《敦煌遗书总目索引》，收书目约 22500 卷，商务印书馆编印。全书分三个部分：总目；索引，依书名首字笔画为序排列；附录。此书将已发现散在世界各地之书均收了进来。《艺文志二十种综合引得》，哈佛燕京学社引得编纂处编印，上海古籍出版社将其与《食货志十五种综合引得》合并出版，收汉代至清朝的 15 种艺文志与补志书目、清代的《禁书总目》、《全毁书目》、《抽毁书目》、《违碍书目》及刘世珩的《征访明季遗书目》等，总录先秦到清末书目 4 万多种。书中有书名与著者索引、"笔画检字表"，供查检使用。《全国报刊索引》（哲学版），月刊，收中国内地报刊中的论文信息资料，上海图书馆编辑。《复印报刊资料索引》，收中国主要报纸刊物中的重要论文信息资料，中国人民大学书报资料中心编辑。

《汉诗大观索引》，作者是日本的佐久节，井田书店出版。全书分 8 册，前 6 册为 15 种诗歌总集与别集的原文，后两册为诗句索引（以首字笔画编排）。前 6 册是中国先秦至唐宋时期的一些著名诗歌，其中的 15 种诗歌总集为清代人沈德潜编的《古诗源》、张玉毂编的《古诗鉴赏》、张景星等人编的《宋诗别裁集》、周雪苍等人选陆游诗而编的《陆放翁诗钞》、明代人李攀龙编的《唐诗选》、宋代周弼所选编唐代的《三体诗》、陈代徐陵编的

《玉台新苏》、《陶渊明诗集》、李白的《李太白诗集》、杜甫的《杜少陵诗集》、王维的《王右丞诗集》、韩愈的《韩昌黎诗集》、白居易的《白乐天诗集》、苏轼的《苏东坡集》、黄庭坚的《黄山谷诗集》，别集为黄、苏、白、韩、王、杜、李、陶等名家的诗作。

《二十四史纪传人名索引》，张枕石、吴树平著，收中华书局点校本《二十四史》中有纪传的人名，各人名后均注明中华书局点校本的书名、册次、卷次和页数。一人分见于几部史书、所记人名有异文异名者，则选定其中一个做主条目，余下的著录于主条目之后；异文异名者另立参见条目；同名异人的，分别立目。书中条目以四角号码编排，查检方便。

《二十五史人名索引》，开明书店出版，收的是《二十五史》中本纪、世家、列传、载记的人物，按人物姓名首字的四角号码编排，各姓名后标明其所在的书名、卷数、页码、行数，一人有二名者，以等号表示互见。书后附笔画索引，检索方便。

《二十四史》中各专史人名、地名、引书索引，有中华书局出版的钟华的《史记人名索引》、魏连科的《汉书人名索引》、李裕民的《后汉书人名索引》、高秀芳和杨济安的《三国志人名索引》、张枕石的《晋书人名索引》、陈仲安与谭两宜及赵小鸣的《北朝四史人名索引》、张枕石的《南朝五史人名索引》、邓经元的《隋书人名索引》、张万起的《新旧唐书人名索引》与《新旧五史人名索引》、曾贻芬与崔文印的《辽史人名索引》、崔文印的《金史人名索引》、姚景安的《元史人名索引》、李裕民的《明史人名索引》、王天良的《后汉书地名索引》及《三国志地名索引》、段书安的《史记三家注引书索引》等。

《唐五代人物传记资料综合索引》，傅璇琮、张枕石、许逸民编辑，中华书局出版，收录83种文献里的有关资料，分"字号索引"、"姓名索引"两个部分，按字号或姓名首字四角号码编排，姓名下注明出处。书后附"笔画于四角号码对照表"。书前有"唐五代人物传记资料综合索引表"。其特点是：对"歧异"、"难以判断是非者"、"难以区分者"，一律兼收并录或脚注必要的考辨，以便后人查检、了解、学习、研究之用。

《中国古籍中的经部、史部、子部、集部、丛书及其他书要目索引》，是1983年书目文献出版社出版的潘树广的《古籍索引概论》167229页的类目表。表以索引书的著者、书名、出版单位为内容，辑录索引书562部。其中有经部的73部索引——分别为易书诗类8部、礼类5部、春秋孝经类10部、四书类11部、小学类28部、群经目录与丛书9部；史部222部索引——分别为正史（附清史）类58部、编年纪事本末类5部、别史与杂史类15部、传记类50部、地理类30部、职官政书诏令类21部、目录类43部；子部130部索引——分为儒家类16部、兵家法家类7部、农家医家谱录类4部、艺术类9部、杂家类22部、类书类22部、小说类13部、释家类26部、道家类14部、丛书等7部；集部118部索引——分别为诗文总集类37部、别集类36部、词类7部、戏曲类15部、通俗小说14部、诗文评说9部；另有丛书及其他要目的索引书19部。此书是查找中国古代重要的索引书的难得资料。

《史学论文索引》，收录1979—1981年报刊上发表的史学论文信息资料2万多条，分上下两部。上部是总论与中国古代史内容，下部是中国近现代史与世界史内容，北京师范大学历史系编辑。

《中国古代史论文资料索引》，复旦大学历史系资料室编辑，收录1949年10月至1979年9月中国报刊上发表的古代史论文信息资料3万多条，分"总论"与"分论"两大部分。总论又分通论、政治、社会史、经济史、法律史、军事史、民族史、地方史、中外关系史、文化史等10个大类，分论下又分原始社会、夏商周（春秋战国）、秦、两汉、三国、两晋南北朝、隋、唐、五代十国、两宋、辽、金、夏、元、明、清等16个大类。查检较为容易。

《清代文集篇目分类索引》，辑清代学者别集中的文献428种（含有明代进入清代与清代进入民国的学者的别集）、总集文献12种，分学术文、传记文、杂文三大部门汇编。杂文部再分书启（以著者为纲，按年代排列）、碑记（内分八小类）、赋、杂文四大类。传记部再分碑传、赠序、寿序、哀祭、赞颂、杂类等，每一类以被传者之名的笔画为序立目，部首列姓氏索引。学术文部再分经、史地、诸子、文集四大类，大类下分小类。此书是王重民、杨殿殉等编撰而成，中华书局印刷本。

《元人文集篇目分类索引》，辑文集170种，文章分人物传记、史事典制、艺文杂撰三大部门汇总。艺文杂撰部参考《四库全书》分类，史事典制部参考元代的《经世大典》与《国朝圣政典章》分类，人物传记分男子、妇女、释道、有姓无名者四类（各类以姓氏笔画为序立目）。作者是陆峻岭，中华书局出版。

《唐代的诗篇》，作者是日本的平冈武夫等人。内容实为唐五代诗篇目索引，辑《全唐诗》、《全唐诗选》、《文苑英华》、《唐文粹》、《唐诗纪事》、《乐府诗集》、"四部丛刊"中所收唐人别集与其他重要的总集、别集、史书内的唐五代诗 49475 篇、逸句 1334 则。书中附《唐代诗歌标题中的人名索引》，独具特色。此书为京都大学人文科学研究所出版。

八、文摘

《新华文摘》，月刊，原为《新华月报·文摘版》，创刊于 1979 年 1月，1981 年改成前名，人民出版社主办，设立了"学术动态"、"综合报道"、"论点摘编"、"读书与出版"等栏目，摘编选登中国书刊发表的文教、政治、哲学、科技、历史等学科方面的论文及文学作品等内容。每期后附"报刊文章篇目辑览"，报道最新论文信息，是一种影响比较大的大型综合性文摘刊物。

《报刊文摘》，1980 年 1 月 1 日创刊，是中国创刊最早的文摘报。内容是从数千种报刊上摘录的精品新闻，是一份综合性的文摘报，解放日报主办，在北京、武汉、西安、济南、沈阳、杭州、金华、镇江等地设有分印点。

《高等学报文科学报文摘》，1983 年出一期试刊，1984 年正式创办，中国教育部委托上海市高教局主编，季刊，1986 年改为双月刊。内容是摘录中国高等学校社科学报中的马克思列宁主义和毛泽东思想研究、政治学、社会学、经济学、哲学、法学、美学、文学艺术、历史学、教育学、语言文字学、争鸣篇、文史考辨、学术综述、学术动态等方面的内容。每期后附"学报文章篇目选录"，收未摘引的比较重要的文章篇目，影响面较大。

《台港清史研究文摘》，王戎笙摘编，辽宁人民出版社出版，是摘录台港地区 35 年中 100 多名学者的 200 余部著作、100 多篇论文里有代表性的观点资料而形成的书。该书按章节编排，对摘辑的部分文字作了技术性处理，余者照录原文，基本上保持了论著论文的原貌。

《中国史研究文摘》，是中国古代史连续出版物，中州古籍出版社 1987 年初版。首版从中国的 246 种报刊（港台地区 18 种）、45 种论文集（港台地区 1 种）内摘编论文 690 篇（港台地区 49 篇），依总论、通论、断代内容为序编排。被摘编的文章，简介了原文的内容，著录了原文的题名、作者、发表的刊物与期数，注明了原文的字数，附上了"未摘编文献目录"（收未被摘编较重要的文献包含建国前发表过现又收入论文集、论丛的著作）。赖长扬、田人隆、谢保成等编。

《历史学理论辑要》，1982 年出版，梁寒冰辑编，分 13 章；每章之前都有内容提要，述本章摘录有关内容梗概，对阅读原文起引导作用，是一部文摘佳作。

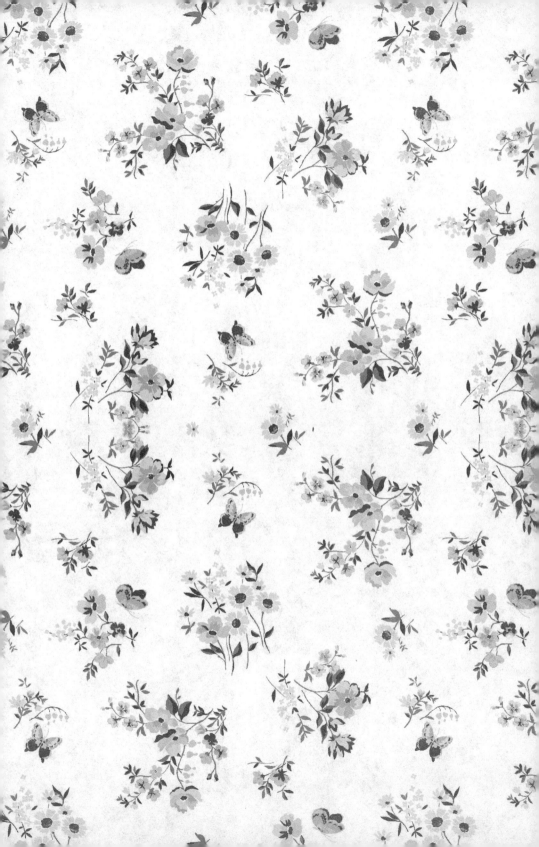

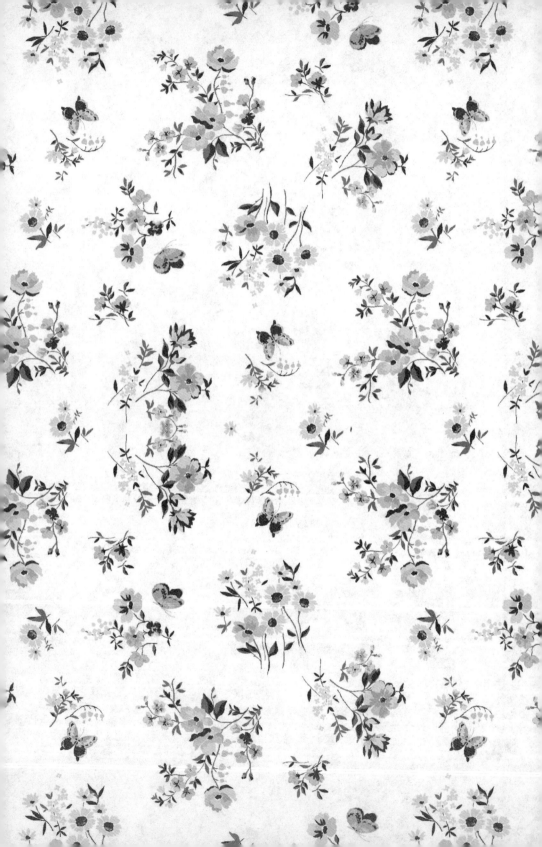